学习与思维

学习学原理

丛书主编 ◎ 肖韵竹　汤丰林

本卷著者 ◎ 温寒江

XUEXIYUSIWEI

xuexixueyuanli

北京师范大学出版集团
BEIJING NORMAL UNIVERSITY PUBLISHING GROUP
北京师范大学出版社

图书在版编目（CIP）数据

学习与思维/肖韵竹，汤丰林主编．–北京：北京师范
大学出版社，2021.5
ISBN 978-7-303-24037-1

Ⅰ．①学… Ⅱ．①肖… ②汤… Ⅲ．①教学研究–文集
Ⅳ．①G420-53

中国版本图书馆 CIP 数据核字（2021）第 061674 号

营　销　中　心　电　话　010-58802135　010-58802786
北师大出版社教师教育分社微信公众号　京师教师教育

出版发行：北京师范大学出版社　www.bnup.com
北京市西城区新街口外大街 12-3 号
邮政编码：100088

印　　刷：鸿博昊天科技有限公司
经　　销：全国新华书店
开　　本：787 mm × 1092 mm　1/16
印　　张：95
字　　数：1497 千字
版　　次：2021 年 5 月第 1 版
印　　次：2021 年 5 月第 1 次印刷
定　　价：598.00 元

策划编辑：郭　翔　　责任编辑：康　悦　葛子森　梁民华
　　　　　　　　　　　　　　　　李灵燕　孟　浩
美术编辑：焦　丽　　装帧设计：焦　丽
责任校对：段立超　　责任印制：马　洁

"学习与思维"教学指导丛书

编委会名单

总 序
Preface

追寻教育的理想

如果把遥看世界的镜头推到人类进化史的长河中，我们会看到，这既是"物竞天择、适者生存"的生物进化史，也是人类智能的演化史。在人类智能的发展中，具有强大推动力的无疑是学习与思维能力。因为学习，人类有了继承与发展；因为思维，人类有了规范与创新。这正如美国物理学家伦纳德·蒙洛迪诺在《思维简史》中所说的那样："为了理解科学之根源，我们必须回过头去审视人类物种之根源。人类的独特之处在于我们被赋予了理解自身以及世界的能力与渴望。"其实，这里"独特之处"的根源便是人类的学习与思维能力。我们认为教育从根本上讲，应该重在学生学习与思维能力的培养，因为只有具备了强大的学习与思维能力，他们才能真正成长为德、智、体、美、劳全面发展的优秀的社会主义事业的建设者。

因为找到了这个逻辑起点，所以我们更加深切地理解了教育家温寒江先生三十年如一日矢志不渝研究"学习与思维"问题并付诸实践的初衷。也正是基于这样一种认识，我们成立了学习与思维教育研究中心，并启动了首期高级研修班，就是想站在前人的肩上放眼未来，走出一条以学习与思维研究为专业追求的教育求索之路。研修班由来自高校和县(市、区)

教师培训机构的专业工作者及中小学校长、教师组成。大家既是学员，又是教师；既是研究者，又是培训者。研修班实现了自主学习、自主研讨、自主管理，不仅探索出了教师培训的新模式，也开展了学习与思维问题的实质性研究。这套丛书是研修班的重要成果。研修班打破了惯常培训项目每人一个选题、每人一篇论文、汇编一本论文集的成果集结套路，采用系统学习与重点研究相结合的方式，在深入研讨的基础上集体攻关，合作完成了这样一套既体现继承又突出发展，既强调理论又重视实践，既注重个人专业优势又凸显集体创作智慧的"学习与思维"教学指导丛书。这是一套统一体系下的结构化成果。我们在写作中试图体现如下价值追求。

一是传承。任何研究都有其出发点。我们的出发点便是温寒江先生的学习与思维研究成果。这项成果的典型代表是获得过"北京市哲学社会科学优秀成果奖一等奖"的《学习学》（上、下卷）。这是温寒江先生离休后深入反思我国中小学教育教学实践，萃取其教育人生中的宝贵经验，带领上千名中小学校长、幼儿园园长及教师不懈探索，最终形成的具有重大现实意义的研究成果。这项历经国家六个"五年规划"①（从"八五"开始）的成果重点回答了这样一些问题：我们的课堂为什么单调乏味？学生学习效率为什么不高？学生为什么缺乏创新性？等等。温寒江先生及其团队在三十余年的历程中，对上述问题进行思考与研究，在理论上取得了许多成果。例如，他最早开展的右脑开发与形象思维培养的研究，早在二十年前就对我国教育改革产生了影响。其代表性著作《开发右脑——发展形象思维的理论和实践》为当时我国教育从"应试教育"转型为"素质教育"提供了重要的理论基础。再如，他的另一部代表性著作《学习学》（上、下卷），充分吸收现代脑科学研究的最新成果，形象思维与抽象思维并重，构建了完整的学习学体系。同时，其研究也取得了许多实践成果，主要体现在将学习与思维研究成果充分运用到中

---

① "十一五"之前，"五年规划"称为"五年计划"。

小学和幼儿园的具体实践之中，对许多学科的教学改革产生了积极影响，形成了多种有效的教学策略与方法。这样一份宝贵的财富，是本套丛书必须传承的重要内容。因此，本套丛书回顾了96岁高龄的温寒江先生所走过的科研之路，对一些重要研究成果也在相关内容中做了阐述。同时，我们还将其《学习学》的学习原理部分用英文版的方式呈现，期望能够在国际学术平台上进行深入交流。总之，我们希望能很好地传承温寒江先生一生躬耕教育的献身精神，也能传承好其立足中国大地潜心创立的这套具有中国特色的教育理论与实践体系。

二是发展。学习与思维问题不仅是人类发展史上的重要命题，也是教育发展史上的重大命题。温寒江先生的学习与思维研究只是滚滚江河中的一朵浪花，而这朵浪花能否在教育发展进程中产生更加长久的影响，则重在我们这些后来者是否能用长远的眼光去发展它。换言之，我们在传承的同时必须要发展，以赋予这些研究成果更加强大的生命力。我们在举办研修班之初确定的总基调就是继承与发展，并且明确了继承不是盲目照搬，而是用新时代教育改革的新要求、新标准去衡量。因此，继承既是充分汲取营养，更是批判性地接受。而这也正是温寒江先生所倡导的马克思主义唯物辩证法的立场。从这个意义上讲，继承与发展的辩证关系便是，继承是起点，发展是目标，二者相辅相成。那么，我们在发展中应该把握什么呢？第一，必须把脉时代。习近平在新时代的教育和教师层面提出了许多重要论述，如"四有"好老师、"四个引路人"，以及劳动教育，等等。我们必须在学习与思维研究中积极回应这些重大的时代命题。第二，必须把脉改革。基础教育改革与发展的前沿议题很多，如"核心素养""高阶思维能力与创新能力""批判性思维""问题解决能力""合作学习"等。而如何运用学习与思维研究的最新成果去诠释这些问题，又如何在对这些问题的有效回应中进一步发展学习与思维理论，这是我们必须把握的基本路向。第三，必须把脉前沿。脑科学、心理学、教育学、技术学等各个科学领域都有了突飞猛进的发展，学习科学、思维科学等领域的新思想、新成果也不断涌现，它们正在深刻影响着社会变革与教育综合改革。而我们如何更好地吸收这些新成果，同样是我们在深入研究学习与思维问题时必须面对的课题。第四，必须把脉需求。教育作为重大民生问题，其发展的时代要求是办出"人民满意的教育"。面对这样的目标，一系列重要议题，如育人方式的转变、中高考改革、新课程改革等，同样需要我们在学习与思维研究中做出积极的回应。应该说，"发展"既是本套丛书努力体现的意图，也是我们未来推动研究时需要把握的方向。

三是创新。温寒江先生的学习与思维课题本身就是一项具有创新性的研究。就我们的认识而言，其创新性体现在四个方面。其一，它充分运用了脑科学研究的成果，特别是将研究建立在认知神经科学的基础之上，是脑科学与基础教育发展紧密结合的典范性研究。其二，它立足中国基础教育的实际，深刻反思了运用于教育实践的心理学原理，对诸如表象、思维等概念提出了自己的认识，做出了力图更好体现教育要求的解释。其三，它重新审视了学科教学中存在的低效、沉闷等问题，在实践中创新了学科教学方法，提高了课堂教学的效率。其四，它为解决教师专业发展面临的问题提出了新的解决路径。他明确倡导并践行"向教师学习，总结教师经验"的促进教师专业发展之路，为一线教师的成长发展指明了方向。正因为这项研究本身所具有的这种创新活力，所以我们在本套丛书的撰写过程中同样积极主张创新。我们的创新主要体现在三个方面。第一是结构创新。本套丛书共五册，既自成体系、独立成书，又具有内在的逻辑联系，是一个整体。我们希望给阅读本套丛书的教师和研究者一种结构性的整体观，让他们从书名即可直观地把握我们对教育的理解与追求。第二是内容创新。我们没有沿袭传统的学科内容逻辑，而是点面结合，积极追求以面为逻辑线索，尽量简写；以点为写作重点，既突出传承性，又突出前沿成果，更突出与中小学和幼儿园实际的结合。第三是应用创新。本套丛书只是研修班的第一阶段成果，我们还将在此基础上积极推动成果转化，开发面向中小学和幼儿园教师的系列培训课程，以加强学习与思维研究成果的实践应用，让研究成果真正落地于课堂，服务于每一位学生的学习。

四是实用。为基础教育教学实践服务，是温寒江先生学习与思维研究始终不渝的追求，也是我们在未来发展中要坚定追求的目标。因此，我们在本套丛书的撰写中，也特别重视实用问题。实用，简单地讲，就是"务实"与"有用"。所谓"务实"，就是研究不求眼球效应，而是既要尊重学术规范，准确理解和把握已有研究成果，又要结合作者自己的研究基础，并充分吸收前沿研究成果，努力形成符合教育规律和学术规范的内容体系。所谓"有用"，则是指对中小学和幼儿园教师的教育教学工作有用，呈现给他们的内容是易于理解、便于运用的理论与策略。因此，本套丛书被定位为教师教学指导用书，其意蕴便是我们努力追求的"有用"目标。实用的价值取向，我们从书名到内容都给予了充分的体现。第一卷《学习与思维：学习学原理》，是《学习学》的修订版，重在体现以学生为中心，重在揭示学生学习的规律与特点，以便为教师更好地研究学生、把握学生提供理论指导，同时也是温寒江先生学习与思维理论体系中学习原理部分的集中呈现。第二卷《学习与思维：温寒江的探索》，其意主要为呈现温寒江先生的教育科研精神，同样也是丛书的灵魂，希望能够为广大教师提供一幅教育实践研究的全景图，让大家感受到研究与实践应是教师一生的追求，是一个艰苦的过程，也是一个幸福的过程。第三卷《学习与思维：基础理论》，希望为教师提供其在教育教学设计与实施中可运用的思维及相关理论，主要围绕学习与思维的脑机制、思维与创造性思维、学习动机等核心问题及学习科学前沿等方面的内容展开，力争把最有用的理论和原理呈现给大家。第四卷《学习与思维：教学策略》，重在围绕教学设计与实施，为广大教师提供课程开发及教学各环节的原理、工具与方法，以提高其教学的科学性与高效性，促进学生有效学习。第五卷《学习与思维：实践案例》，主要为广大教师提供了学习与思维研究中的典型案例，并做了必要的理论分析与点评指导，目的是为教师开展学习与思维研究成果指导下的教育教学实践提供有益的借鉴。

最后，丛书付梓之际，我们既为研修班通过一年刻苦学习与认真研讨取得的成果而感到高兴，也为学习与思维研究依然任重道远而倍感压力。但我们坚信，因为有各方仁人志士的支持与参与，这项充满活力与希望的

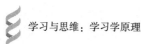

研究必将会继续绽放绚烂的光彩，不辜负温寒江先生和他的团队三十余年的辛勤奉献，也不辜负承载这项使命的研修班每一位成员的智慧与汗水！借此机会，我们还特别感谢北京师范大学出版社郭翔编辑为丛书的出版付出的心血！同时要感谢教育部教师工作司、北京市委教育工委、北京市教委各级领导及北京教育学院全体教职工、北京市相关中小学和幼儿园教师对学习与思维研究的关心和支持！

让我们为教育的理想而努力！

肖韵竹(北京教育学院党委书记)

汤丰林(北京教育学院副院长)

2020 年 5 月 18 日

本卷序一

Preface

一项有战略意义的研究

全面实施素质教育是为了适应现代社会对人的素质的需要，也是为了适应现代社会中人的自身发展的需要。提出提高人的全面素质，当然是针对原有教育模式中存在的不全面的地方，这些不全面的地方主要是指对培养人的创新精神和实践能力重视不够。因此，改革人才培养模式，加强对人的创新精神和实践能力的培养就成为实现全面素质教育的重要课题。

培养创新精神的关键是培养人的创新思维，而这一过程实际上是开发人的潜能，特别是开发人的大脑潜能的过程。现代脑科学的研究已越来越被各国政府和科学家所重视，因为从某种意义上说，一个国家的综合国力取决于经济实力，经济实力取决于科技实力，科技实力取决于创新实力，创新实力取决于人才实力，而人才实力则取决于人脑功能的开发水平。因此，加强脑科学的研究以服务于人脑潜能的全面开发就成为综合国力竞争的有战略意义的重点。

我国著名教育家温寒江同志，多年以来，以其深厚的教育理论素养和丰富的教育实践经验，根据脑科学研究成果指导了形象思维的研究与教育改革实验，并取得了重大进展。近几年，他又将脑科学应用于基础教育中培养创新精神的理论与实践研究，取得了可喜成果，本丛书就是这一成果的展示，凝聚着许多优秀教育工作者进行理论与实践探索的心血与智慧，无论对全面教育改革，还是对学科教学论的发展，都会产生重要的影响。

　　我衷心希望，培养创新精神的研究会有助于教育的创新，会有助于从更深的层面上理解和实践全面素质教育的深刻内涵。

陶西平

本卷序二

Preface

教学改革的回归与创新

一、教育的困惑

中华人民共和国成立 60 多年来，我国教育事业有了很大的发展，取得了巨大的成绩。但是，我们也看到，当前中小学课堂教学相当普遍地存在枯燥乏味、抽象难懂，学生死记硬背、高分低能的现象。教育还不能适应经济社会发展的形势，还不能适应国家对人才培养的要求。问题的症结在哪里？教育理论是否存在缺失？教学改革路在何方？对此，我们常常感到困惑。

二、脑科学的启示

20 世纪 70 年代末至 80 年代，是思想解放的年代。在对教育问题的思索中，有几件事情对我们的影响是深刻的。首先，《给陈毅同志谈诗的一封信》发表后，在毛主席肯定形象思维的鼓舞下，文艺界展开了中华人民共和国成立以来第三次关于形象思维的大讨论，对于形象思维在文艺中的作用，文艺界取得了比较一致的认识。其次，我国著名科学家钱学森大力提倡形象思维，把形象思维作为人类思维的基本方式之一，并建议把形象思维作为思维科学研究的突破口。最后，美国心理学家斯佩里（R. Sperry）对裂脑人的实验研究，揭示了大脑两半球功能的不对称性和右半球的许多高级功能，获得了 1981 年诺贝尔生理学或医学奖。

裂脑人的实验成果表明，人们可以用语言(概念)来思维，也可以用非语言的表象来思维，从而打破了行为主义心理学研究行为而不研究意识(思维)的禁区，也打破了"只有唯心主义者……才能谈到没有语言的思维"(斯大林语)的神话，大大解放了人们的思想。斯佩里的裂脑人实验和钱学森的倡导，使我们对教学改革的思索，聚焦到脑科学、思维、教育这三者的结合上来，以脑科学的新成果为依据，探索一条教学改革的新路。

脑科学和教育科学是两个不同领域的学科，脑科学成果在教育中的应用，要找到结合点或切入点。我们选择的切入点是"思维"。因为思维既是脑科学的重点研究内容，又是学习科学的核心。思维是这两个学科最大的共同点。这样，我们的课题就直接把脑科学关于思维、表象、记忆、语言学习等重要研究成果同中小学的各科教学、人的全面发展联系起来了。

我们的课题是北京市哲学社会科学"八五""九五""十五""十一五"规划重点课题。"八五"课题名称为"开发右脑，发展形象思维的教学实验与研究"，"九五""十五"课题名称为"发展形象思维的理论研究与教学实验"，"十一五"课题名称为"学习中思维的全面、协调和可持续发展研究"，总称为"学习与思维"。1998 年春，我们有幸向李岚清副总理汇报课题研究的进展和阶段成果，李岚清副总理对课题研究的充分肯定和重视，使课题组全体成员受到莫大的鼓舞。

三、时代·问题·目标

(一)问题

马克思认为：问题就是公开的、无畏的、左右一切个人的时代声音。我们正处在建设富强民主、文明和谐的社会主义现代化国家，实现中华民族伟大复兴的时代；我们又处在人的思维方式、社会媒体深刻变革的时代。

处在这样一个伟大的时代，我们怎样把握教育的问题？当前教育存在的问题是什么？在课题开始时，我们并不十分清楚。其原因正如古诗所说，"不识庐山真面目，只缘身在此山中"。随着研究的深入，特别是"十一五"期间，我们开展了学习过程中思维全面、协调、可持续发展的研究，对当前教育存在的主要问题感到清晰了。概括起来，可以从教学实践和学习理论两个方面来说。

在教学实践上，课堂教学相当普遍地存在四种现象：枯燥乏味、抽象难懂、学生死记硬背、高分低能。

在学习理论上，可以从以下四个方面进行阐述：

第一，从学习与发展的内涵来说，人的全面发展(德、智、体、美、劳)内在联系的机制是什么？为什么说科学与艺术是相通的？

第二，从学习与发展的顺序来说，学习从已知到未知，新旧知识(技能)内在联系的机制是什么？(目前国外有多种学习迁移理论，但没有统一的学习迁移理论。)

第三，从学习与发展的层次来说，技能、能力、创新能力内在联系的机制是什么？能否培养中小学生的创新能力？

第四，从学习与媒体的关系来说，当代信息技术迅速发展，信息技术(网络、多媒体)如何同学科教学相整合？

这四个问题是教育理论的基础性问题。这几个问题解决了，其他一些学习上的重要问题，如认识活动与身心发展、知识的理解、学习的效率、学习可持续发展等，也就比较容易解决了。

我们的研究表明，上述当前教育存在的问题，其根源在于忽视思维或思维的片面性。

(二)目标

课题研究有以下三个目标：

一是全面发展思维；

二是教会每一个学生，使学习可持续发展；

三是培养能力、创新能力，让青少年的智力得到最佳发展。

四、教学改革的回归与创新

（一）教学必须深入改革

从"八五"到"十二五"课题研究以马克思主义认识论为指导，以脑科学的新成果为依据，全面发展思维，深入教学改革，探索一条教学改革的新路——教学改革的回归与创新。所谓"回归"，我们认为，当前的教学改革，应从各种忽视思维、脱离思维的学习理论及其影响中，回到学习的基本命题即学习与思维上来。正如温家宝同志所指出的："教学改革还要回到学、思、知、行这四个方面的结合，就是学思要联系，知行要统一。"所谓"创新"，就是将脑科学的研究新成果应用于基础教育中，以思维的全面、协调和可持续发展为核心培养创新精神，走学习可持续发展的创新之路。这是实现习近平总书记提出的"促进人的全面发展、增强中华民族创新创造活力、实现中华民族伟大复兴"宏伟目标的教育教学改革创新之路。

（二）改革的思路、方法与成果

我们研究的思路是：在学习过程中，开发大脑潜能—发展形象思维—思维的全面发展—思维的全面、协调、可持续发展—学习的可持续发展。通过发展思维，把教育与脑科学有机地结合起来。

我们研究的基本方法是：理论结合实践，我们采取边研究边总结的方法，把理论研究和教改实验结合起来。理论研究的成果为教改实验提供依据，学校改革实践又检验与丰富了理论研究的成果。

理论研究与教改实验取得了丰硕的成果。第一，我们在理论结合实践下，用中国的学术话语，解决并回答了当前教育存在的上述问题，完成了课题研究的目标。第二，编辑出版了40多本理论研究与教改实验的成果，其中有总课题组出版的专著、论文集31本，实验学校出版的专著、校本教材12种。本丛书是从上述课题成果中精选出来的研究成果。

2019年5月18日，北京教育学院成立了学习与思维教育研究中心，对于学习与思维的研究与实践进一步深入了。我和我的新学生一起，对《学习学》（上、下卷）进行了修订，把《学习学》上卷的第十二章有关"智力"的部分放到本书第一编的第二章中，同时在第二章中增加了"劳动教育与思维"，主要目的在于着重阐释思维的全面性、思维的协调发展与人的全面发展之间的关系。第二编和第三编主要论述了学习与思维的六大基本原理，这六大基本原理以学生为中心揭示了学生学习的规律与特点，希望能为教师们更好地研究学生、把握学生并为学生的发展提供一点理论指导。在此，谨对为课题的研究、实验、出版给予关心、支持和帮助的领导、专家、学者及有关工作人员致以衷心的谢意！

温寒江

2020 年 5 月 18 日

目 录
Contents

第一编 思 维

第二编　记忆与迁移

第三编　学　习

第一编　思　维

第一章
思维的全面性

本章概述

回顾近百年来思维领域的研究，不难看到思维研究走了一条曲折的路。"山重水复疑无路，柳暗花明又一村。"20世纪60年代，美国神经心理学家斯佩里对裂脑人的研究，具有划时代的意义。它揭示了人们可以用语言(概念)来思维，也可以用非语言的表象来思维，开启了思维研究从单一的、片面的思维(抽象思维)走向全脑思维。我们从当代脑科学的新成果和人类思维发展史两个层面，论述了人类是用全脑来思维的，两种思维(抽象思维、形象思维)是全面的。思维的全面性，两种思维都要发展，是本书的核心理念。

第一节 思维与思维研究

一、思维

人的认识活动一刻也离不开思维。清晨，当人们醒来时，思考当天要做的事情，用的是思维；起床后，穿衣、叠被、刷牙、洗脸，也隐含着思维活动；白天，无论是学习还是工作，人们不断地运用着思维；到了夜晚，反思一日的学习、工作，还是离不开思维。在一座房子没有盖起来之前，工程师已在头脑中想象出来了；在一个科学实验没有做之前，科学家在头脑中已经形成关于它的计划。可见，人们不仅在理解、探索未知的事物时必须运用思维，而且在应用已有的知识时，也要使用思维。

思维是怎样认识客观世界的？这里我们做一个粗浅的比喻：人的大脑像一个复杂而奇妙的工厂，"工厂"里有许多车间，各个车间既有分工，又相互合作，它们把千变万化的客观世界的各种信息，转换为一个主观世界，并且对这个主观世界进行种种加工，既可把它分解、剖析、分类，转化为简单的东西，又可把它综合、组块，制作成复杂的、新的东西，最后，通过信息输出，创造出丰富多彩的人类文明。

作家在深入生活的基础上，把丰富的生活感受、体验，通过思维加工，形成一个个艺术典型，用来反映他对客观世界某些事物的认识。

所谓艺术典型，正如高尔基所说：

假如一个作家能从 20 个到 50 个，以至从几百个小店铺老板、官吏、工人中每个人的身上，把他们最有代表性的阶级特点、习惯、嗜好、姿势、信仰和谈吐等抽取出来，再把它们综合在一个小店铺老板、官吏、工人的身上，那么这个作家就能用这种手法创造出"典型"来——而这才是艺术。[1]

---

[1] 金开诚：《文艺心理学概论》，84 页，北京，人民文学出版社，1999。

这里我们看到，作家通过观察，把客观世界转化为主观世界，即生活感受、体验，接着对它进行种种加工、分解、剖析，并抽取其中某些共同的特点，成为思维的元素，然后把这些思维元素综合成一个个活生生的典型。

数学家用一种完全不同于作家的认识方法，面对形形色色、多种多样的客观世界，他们的方法是舍弃事物的具体内容和质的特点，只研究其数量关系和空间形式的规律。比如说：

研究三个人、三张桌子、三块布。我们不是去研究三个人是男人或女人，三张桌子是书桌或餐桌，三块布是白布或花布等内容，而是研究它们共同的数量"三"，研究这个数和其他数的关系。又如一堵长方形的墙、一块长方形的黑板、一张长方形的纸，我们不去研究这堵墙、这块黑板、这张纸是用什么材料做的，以及它的质地等，而只是研究"长方形"和其他图形的关系。①

可见，数学家就是通过研究数量关系和空间形式的规律，去认识客观世界的。那么，学生又是怎样运用思维呢？通常，他们在教师的指导下，选择那些基本的、通用的知识，由浅入深，由近及远，一点儿一点儿地内化为思维，通过加工转换为自己的知识。一步一步地去求真、求善、求美，使德、智、体、美、劳得到和谐的发展。可见，思维是多么美妙啊！

二、思维研究的成果与挑战

思维理论的研究不能割裂历史。回顾近百年来思维领域的研究，是同创造力、智力和人工智能的研究紧密结合着的，其研究成果主要体现在以下几个方面。

一是创造学的诞生。20世纪初，工业经济迅速发展，到了20世纪三四十年代，美国产业部门最早对创造、创造力进行研究并对企业人员进行培训，美国一些知名大学相继开设创造力课程。到了五六十年代，许多国家也兴起研究的热潮。创造学的诞生，抹去了长期以来在人们思想中关于创造、创造力的种种神秘主义色彩。

---

① 温寒江、陈立华、魏淑娟：《小学教学两种思维结合学习论——马芯兰教学法的研究与实践》，1~2页，北京，教育科学出版社，2016。

二是人工智能研究。人工智能就是用计算机来模拟人的某些智能。在 20 世纪，传统的人工智能占主导地位，其特点是符号表达、启发式编程、逻辑推理和物理符号系统模型等。1956 年，美国计算机学家纽厄尔、肖和西蒙（A. Newell、J. C. Shaw、H. A. Simon）合作，第一次用计算机模拟人的思维活动，来解决复杂的问题。他们制定了符号处理的 IPL 语言（information processing language），并创立了启发式程序等。人工智能的研究，大大推动了计算机的发展。

三是智力理论研究。1905 年，法国心理学家比奈和西蒙（A. Binet、T. Simon）编制了著名的"比奈-西蒙量表"（Binet-Simon Scale），用来测量儿童的智力发展情况。1908 年和 1911 年，比奈和西蒙对量表先后修订了两次。1916 年，美国斯坦福大学教授推孟（L. M. Terman）修订了比奈-西蒙量表，即"斯坦福-比奈智力量表"（Stanford-Binet Scale），该量表在美国及其他一些国家产生了广泛的影响，促进了智力理论多方面的发展。在此基础上，心理学家围绕着"智力"是什么及其构成、过程和变化规律进行了大量的研究，取得了许多成果。

但是，我们也必须看到，对于认识的中心环节——思维的研究，遇到了诸多挑战，举例如下：

其一，当代诸多产业部门，如文化创意产业、建筑产业、体育运动产业等蓬勃发展，显然，在这些领域中，人们不只是使用抽象思维，那么，他们是如何思维的？

其二，经济的发展取决于科技的发展，科技的发展取决于人的创造才能。人的创造才能如何得到广泛的开发？中小学能培养学生的创新能力吗？

其三，长期以来，在教育领域，学生相当普遍地感到学习枯燥无味，知识抽象难懂，各门课程普遍存在教学难点，这些现象是怎样形成的？其症结何在？

其四，近一个世纪以来，电影、电视、录音、录像、计算机、网络等在教育领域已得到广泛的使用。然而，关于多媒体使用的价值、原理、方法，至今没有从思维角度得到科学的诠释。

三、20 世纪的思维研究走了一条曲折的路

上面谈的几个问题，是同思维研究直接关联着的，总体而言，20 世纪的思维研究并非一帆风顺的，而是走了一条曲折的路。

1913 年，美国心理学家华生（J. B. Watson）创立了行为主义心理学，其主要观点包括：心理学不应该研究意识，只应该研究行为，思维只不过是自己和自己的谈话；所谓行为，就是有机体用以适应环境变化的各种身体反应的组合，行为最后可分析为肌肉的收缩和腺体的分泌，心理不过是轻微而内隐的行为；一切复杂行为都取决于环境的影响。行为主义者企图发展一种像物理学一样精确的、科学的心理学而否定了思维研究。

斯金纳（B. F. Skinner）是当代新行为主义心理学家，他深受巴甫洛夫、罗素、华生等人思想的影响，毕生致力于行为的实验研究，从环境决定论的观点去阐明人的行为，提倡一种"彻底的行为主义"。

行为主义心理学盛行了 70 年。"美国心理学界公认，自行为主义心理学问世后，有很长一个时期，美国心理学家多是实际上的行为主义者。"①这就是迄今美国教育心理学理论忽视思维研究的根源。我们认为，人的认知活动一刻也离不开思维，许多哲学家、逻辑学家、心理学家都对思维研究做出了巨大的贡献，理智的人怎么会否认思维的存在呢？我们看到，行为主义心理学否定思维的思想，已受到当代认知神经科学家的批评。

美国认知神经科学家科斯莱恩（S. M. Kosslyn）认为：

人们对推理的研究曾历经波折。行为主义者针对当时内省主义心理学家们无益的尝试，完全否定了推理，并将其拒于科学的大门之外。华生（J. B. Watson）认为思维只不过是自己和自己交谈，而许多研究者对此论断则暗怀疑虑：我们都曾有过对事物深思熟虑的体验，有过迷茫，解决过某些问题，提前做出过计划或只不过是平庸的白日梦。理智的人怎么会否认思维这种事物的存在呢，思维是一种使人类优于其他动物的事物。②

美国意识科学研究学会（Association for the Scientific Study of Consciousness）首任主席巴尔斯（B. J. Baars）认为：

如果一门心理学毫不涉及内部言语，会产生什么后果呢？很明显，这样做的

① 中国大百科全书总编辑委员会：《中国大百科全书·心理学》，467~468 页，北京，中国大百科全书出版社，2002。

② [美]M. S. Gazzaniga：《认知神经科学》，王甦、朱滢、沈政等译、校、审，643 页，上海，上海教育出版社，1998。

话，就丢弃了一个主要的感觉通道的知识。这是否无意中将心理学变成了非人性学科呢？对许多人而言，心理学是认识自己的主要途径。但在工业化社会的大学中，我们教授一门心理科学时，不注意个人意识——不涉及内部言语和精神意向。事实上，这把丰富的意识源流变得空白了。这多么令人担忧，我们是否同时也将我们学生的生活变成非人性化了呢？①

20 世纪思维研究的另一重大事件，是 1950 年苏联《真理报》组织了一次语言学问题的讨论。斯大林发表了《马克思主义和语言学问题》著作，文中指出"完全没有语言的材料和完全没有语言的'自然物质'的赤裸裸的思想，是不存在的"②。

如果说，作为学术上的讨论，斯大林阐述了他个人关于语言与思维的一种学术见解，是无可厚非的。事实上，他是以苏联人民的领袖的身份对问题讨论做了权威性的结论，其影响自然就不同了。尤其是文中谈到"只有唯心主义者才能谈到与语言的'自然物质'不相联系的思维，才能谈到没有语言的思维"③。此言一出，只要谈到非语言的思维，就会被戴上唯心主义的政治帽子。于是在苏联，思维和语言关系的问题，成为思维研究的一个禁区。在这种环境下，虽然"形象思维"这一术语，俄国哲学家、文艺评论家别林斯基在 19 世纪就已提出来了，十月革命后，高尔基、法捷耶夫等作家也有过论述，但是，形象思维问题却未能在苏联得到进一步的研究。

四、斯佩里的"裂脑人实验"是认知领域的一场革命

对大脑最早的研究见于解剖生理学和神经生理学领域。研究表明，人的大脑分为左右两半球，呈镜面对称，通过大约 2 亿条神经纤维组成的胼胝体进行频繁的信息交流，如图 1-1 所示。

从图 1-1 中可以清楚地看到几乎对称的左右两半球，它们之间由胼胝体相连。

---

① [美]索拉索(Solso R. L.)：《21世纪的心理科学与脑科学》，朱滢、陈烜之等译，15 页，北京，北京大学出版社，2002。
② 北京外国语学院俄语系语言学教研组：《马克思主义经典作家论语言》，92 页，北京，商务印书馆，1959。
③ 北京外国语学院俄语系语言学教研组：《马克思主义经典作家论语言》，92 页，北京，商务印书馆，1959。

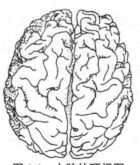

图1-1 人脑的顶视图

1836年，医生达克斯(M. Dax)发表报告提出，丧失语言是由于左大脑半球而非右大脑半球受到破坏造成的。这一观察结果，当时并没有引起人们的广泛重视。直到25年后的1861年，一位杰出的法国医生布洛卡(P. Broca)才做了相同的观察。他对一个能听懂他人说话、口咽肌肉不瘫痪，而自己不能讲话的病人进行了遗体解剖。他在检查这个病人的大脑时，发现其大脑左半球有一处损伤。由此，布罗卡提出假设，大脑左半球额下回是与言语生成有关的大脑皮层的一个专门区域；该区域的损伤会导致患者发音断断续续，或者虽然能说出话来，但不能组成有一定内容意义的言语。1874年，德国生理学家威尔尼克(C. Wernicke)发现，大脑皮层的另一个区域(左半球颞叶后部)控制着言语的接收和理解。这个区域受损的患者，无法理解别人所说的话，甚至完全不能分辨语音。上述两个皮层区域，被后人分别命名为布罗卡区和维尔尼克区。

随着左脑的病灶性损害破坏了语言及表达能力这类事件的积累，人们形成了神经学上的传统观念：左脑是语言优势的半球，而右脑是从属的、非语言的半球，或称"哑半球"。如果人的语言、思维都位于左半球，那么，大脑的右半球又是干什么的呢？根据进化观点，人的器官"用进废退"，同左脑相对称的右脑的功能是什么？这个大脑之谜，直到20世纪下半叶才揭开。

20世纪50年代，美国加利福尼亚技术研究院的斯佩里(R. W. Sperry)和他的学生龙·迈尔斯开始在动物身上进行裂脑实验研究。当他们切断猫和猴子的两半球之间的全部联系时，吃惊地发现这些动物仍然很正常，更令人兴奋的是，他们发现可以训练两个脑半球以及用相反的方式去完成同一任务。

经过多年对裂脑动物的研究，斯佩里开始对裂脑人进行一系列的观察研究，设计了许多巧妙的实验。

斯佩里对裂脑人进行了如下实验：在患者面前立一道屏障，将左、右眼分离开来，分别将不同的物体和图画出示于左右眼的视野内，然后提问。例如，向裂脑人左眼视野出示一个橘子后问他："这是什么?"于是，由左眼得到的信息输入右脑，右脑立即判断出那是一个橘子。但是由于没有信息输入左脑，因此左脑不知道看到了橘子。

同样在右眼视野范围内出示一些简单的图形和画片让裂脑人画出，裂脑人差不多都无法照原样画出来，这是因为判断图形的是右脑，而传入左脑的信息输送不到右脑，所以裂脑人陷入了全然无知的境地。[①]

斯佩里等人对裂脑人进行的一系列实验，揭开了大脑右半球的秘密，揭示了大脑两半球功能的不对称性和右半球的许多高级功能，正如诺贝尔奖奖金授奖机构对斯佩里的研究成果所做出的评价："十分成功地揭开了大脑两半球的秘密，并且证明这两个半球是高度专门化的，而且许多较高级的功能都集中在右半球。"[②]斯佩里在《分离大脑半球的一些结果》一文中说："左半球基本上是负责分析的和连续的，右半球则是负责空间的和综合的……我们过去以为是不能读写的、智力迟钝的，甚至某些权威认为是无意识的所谓从属的或次要的半球，被发现事实上在执行某些智力任务时是较高级的大脑中之一员。当然，右半球的特征事实上完全是非言语的、非数字的、非连续的。它们主要是空间的和想象的。"[③]

斯佩里的"裂脑人实验"已过去40多年了，他对脑科学的贡献随着时间的推移，被越来越多的人认同，人们认识到他的贡献是有划时代意义的。这是因为：

第一，"裂脑人实验"的成果，以它无可辩驳的科学事实，打破了行为主义心理学"不应该研究意识(思维)"的禁区，斯佩里说："认识的内省心理学和有关的认识科学再也不能在实验中长期地被忽视了，或者不能作为'副现象科学'勾销了。"[④]

第二，"裂脑人实验"的成果，也同时打破了"只有唯心主义者才能谈到没有语言的思维"的神话，大大解放了人们的思想。

---

① 参见温寒江、连瑞庆：《开发右脑——发展形象思维的理论与实践》，7页，杭州，浙江教育出版社，1997。

② 张尧官、方能御：《1981年诺贝尔生理学、医学奖获得者罗杰·渥尔考特·斯佩里》，载《世界科学》，1982(1)。

③ [美]Roger Sperry：《分离大脑半球的一些结果》，张尧官、方能御译，载《世界科学》，1982(9)。

④ [美]Roger Sperry：《分离大脑半球的一些结果》，张尧官、方能御译，载《世界科学》，1982(9)。

第三，"裂脑人实验"的成果表明，人们可以用语言(概念)来思维，也可以用非语言的表象来思维。这一发现开启了思维的发展从单一片面的思维(抽象思维)走向全面发展的思维。从而，单一脑概念即左脑优势的概念被打破了，表象已成为认知神经科学研究心理事件的重点。

无疑，斯佩里"裂脑人实验"的成果，是对认知领域的一场深远的变革。

第二节　思维全面发展的内涵

一、思维的概念

现有关于思维的定义，大多数是从抽象思维的特点来界定的。脑科学的实验表明，单一的抽象思维的定义是不全面的。我们要根据近四十年脑科学的成果，重新界定思维的概念，我们认为，思维的定义应该把重点放在三个方面。①

(一)思维是人脑的机能

认知神经科学家科斯莱恩认为："尽管我们都知道思维这一术语并不明确，但人们一致承认它主要包含两种属性。第一，信息必定由个体内部来表征；第二，信息一定是可操纵的，以便人们进行推理并得出结论。"②思维是人体内最复杂的物质——大脑的机能。正如科斯莱恩指出的，大脑之所以能进行思维，是因为大脑具有以下两种属性。

其一，客观事物必须在个体内(主要为大脑)得到表征，表征就是大脑对客观事物的反映，事物在人脑中的表征有语言(符号)和表象，语言和表象都是思维的

---

① 温寒江、陈爱苾：《让青少年智力得到最佳发展——两种思维的智力基本理论》，22~27页，北京，北京科学技术出版社，2006。

② [美]M. S. Gazzaniga：《认知神经科学》，王甦、朱滢、沈政等译、校、审，643页，上海，上海教育出版社，1998。

材料(载体)。如果事物在头脑中没有反映，如对于一个从未见过的人或一件未知事物，思维是无法把握的。

其二，这种心理表征在大脑中是可以操作的，也就是可以进行种种思维加工的。

(二)思维是一个认识过程

思维是人脑内的操作活动，必然表现为一个过程。思维又有指向性，指向一定的结果。我们认为结果可分为两种：一种是过程性结果，另一种是终结性结果。比如，三段论式有两个前提、一个结论。其中两个前提是两个判断，每个判断都可看作思维的结果，但这个结果是过程性的，而结论是终结性结果；又如，我们在讲话时，常常是先想好了再说出来，在思考时，是一句接一句地进行，这当中每一句话都是过程性结果。

因此，思维是一个过程，这个过程包括过程性结果，是理性认识过程。思维"是相对于感性认识而与理性认识同义的范畴"[1]。思维的最终结果是思想、知识，已不是心理学研究的范围了。

(三)思维具有一定的指向性

思维活动是有指向、有目的的。那些胡思乱想不是思维研究的范围。思维的目的也是认识的目的，二者是一致的。思维的功能可分为两方面：一方面，通过思维，人们可以认识客观事物的基本属性和本质，以及事物间规律性的联系；另一方面，思维可以预计、把握未来。马克思说："劳动过程结束时得到的结果，在这个过程开始时就已经在劳动者的表象中存在着，即已经观念地存在着。"[2]

因此，思维的概念可以定义为：思维是人脑对客观事物在脑中的表征(语言和表象)进行加工的一个认识过程，它既能反映、揭示事物的本质特征和事物间规律性的联系，又能预测和把握事物的未来。

根据思维的定义，我们使用思维这个术语时，应该明确以下三点：

第一点，事物在头脑中的表征，即思维材料是什么？

---

[1] 中国大百科全书总编辑委员会：《中国大百科全书·哲学Ⅱ》，828 页，北京，中国大百科全书出版社，2002。

[2] 《马克思恩格斯选集》第二卷，中共中央马克思恩格斯列宁斯大林著作编译局编译，170 页，北京，人民出版社，2012。

第二点，这种表征能否操作，怎样操作，即思维加工方法是什么？

第三点，思维的指向性是什么？

同时具备这三点的只有两种，即以语言(概念、符号)作为思维材料进行思维加工的，被称为抽象思维(逻辑思维)；而以表象作为思维材料进行思维加工的，被称为形象思维。所以，思维的全面发展，就是抽象思维和形象思维协调发展。

二、思维发展的全面性

如上所述，思维包括抽象思维和形象思维。思维发展的全面性，就是抽象思维和形象思维协调发展，具体可从以下两方面进行论述。

一方面，从人脑的表征来说，表征可以分为两个系统。一个是语言(概念)符号系统。语言本身是一种符号，符号还包括数字符号、音符等。人类的语言经过长期的历史积累，是非常丰富的，加上可分离性和可组合性的特点，具有很强的表征能力。另一个是表象系统。表象包括视觉表象、听觉表象、嗅觉表象、味觉表象、触觉表象等，是物质世界在人体内的表征，从宇宙中的星系到微观世界的基本粒子，其数量是不可计数的。这两个系统所表征的事物，包括物质的、精神的，间接的、直接的，概括的、个别的，显性的、隐性的，线性的、多维的，等等。所以，抽象思维和形象思维涵盖了人脑中所有的表征，具有思维的全面性。

另一方面，从人类思维发展史来说，人类首先发展的是形象思维，而抽象思维则很晚才发展起来。人类发展的历史遗迹，除了岩画、文字之外，都要靠考古发掘，至于语言、意识，在史前时代的记录上没有留下任何痕迹。因此，对史前人类思维的发展，只有根据工具制造、生产力发展、脑容量的增加等，做分析性的猜测，下面是我们的初步研究。

猿人(直立人)为了生存，就要寻觅、采集、捕猎食物，开始他们只会用双手，慢慢地学会利用身边的材料做工具，如石块、棍棒等，然后才会制造工具，在这些原始的生产劳动中，一些感觉器官，如视觉、听觉、触觉等，得到了发展，最初的形象思维就这样发生了。

猿人从猿猴中分离出来以后，过着群居的生活。促使他们群居的原因是多方面的：气候的骤然变化，恶劣的环境，食物的匮乏，猛兽的袭击，等等。面对这些威胁，他们需要共同来对付，日常劳动也常常需要协同合作。于是，交流成为群居生活的必需。猿人怎样进行彼此沟通，我们设想是先有肢体、手势语言，而后才有口头语言。

语言是怎样发生的，迄今没有明确一致的认识。笔者认为，语言既不是某一个智者发明创造的，也不是某一特定时期(一般认为产生于四五万年前)突然产生的，而是经历了一百多万年从猿人到智人漫长的准备时期，是经历了从肢体、手势语言或手势夹杂着语声的发展准备时期，而逐步形成的。无论是词汇的积累，或语言规则的产生，以及人的声音器官的变化，必须有较长时期的历史积累，而智人(从25万年前至四五万年前)就是这样一个重要历史阶段。

手势语言是形象的，它所表达的"词汇"是具体事物，所以手势语言是用具体事物的表象来思维，是最早发生的形象思维。

随着智人制造工具的精细化和智人生活日趋复杂化，手势语言显然不够用了；在此同时，智人的发声器官在叫喊中不断发育、改造，以至能说出清晰的音节和抑扬顿挫的语调。于是语音一步一步地取代了手势语言，语音也具有了一定的含义，于是，语言产生了。

语言产生以后，语言词汇只是具体事物的符号，人们是用事物的表征——表象来思维，所以人类在语言产生后的很长一个时期，进行口语交际都是用形象思维，只有当后来原始宗教、占卜、数字运算及文字的出现，抽象思维才发展起来。[1]

由此可见，从历史发展来说，人类的基本思维只有两种，即形象思维和抽象思维。思维的全面性，就是抽象思维和形象思维都要发展，从而确立了两种思维共同发展的新理念，这是对思维方式的变革，即从只重视抽象思维到思维的全面发展的变革，这是自2000多年以前亚里士多德提出形式逻辑以来，最为深刻的变革。它涉及哲学、美学、心理学、教育学、文艺理论、体育理论等基础学科。本书就是以思维的全面性为核心，对学习与思维进行新的探索。

三、思维的脑科学依据

近半个世纪以来，脑科学取得重大成就："脑认知成像技术的出现和发展，为

---

[1]　温寒江：《学习与思维——学习中思维的全面协调可持续发展》，10~11页，北京，教育科学出版社，2010。

认知过程提供了大脑的数据，心理学与脑科学结合而诞生的认知神经科学，正取代认知心理学成为心理学发展的新阶段。"①脑认知成像技术的诞生也使思维研究，从过去的思辨式研究或思维研究与脑的研究相分离的状况，走向科学。其中，关于语言、表象、知觉、记忆、思维等脑科学成果，为思维研究提供了科学依据。

（一）语言的脑机制

脑科学对正常的和异常的语言获取进行了广泛的研究，如正常的语言获取过程、语言学习关键期、语言学习理论、语言获取和语言发展的障碍等。研究成果表明："语言获取能力是脑的固有机制的结果。婴儿的大脑可能天生就能分类接收刺激，如音位、词、句法类型和短语。这种天生的机制使儿童能正确、快速地获取语言。"②

（二）表象的脑机制

表象的研究是认知神经科学对心理事件研究的重点，这方面的研究成果成为形象思维研究的科学依据。形象思维是表象活动的一个认识过程，脑科学认为："表象与同类通道的知觉、记忆以及均匀的运动控制等这些较基本的过程有着共同的机制。例如，视觉心象与所谓腹背通道有关，在知觉中该通道分别用于对客体属性和空间属性进行编码。"③我们知道，形象思维在理性认识阶段仍然有可感性、具体性，这是为什么呢？就是由于表象和同类感知觉通道有共同脑机制的缘故。

（三）思维推理的脑机制

短时记忆又称工作记忆，工作记忆具有储存信息和处理信息的双重任务。脑科学对工作记忆的研究、对思维的研究有重大的价值。在本书第五章中，我们综合研究了脑科学对工作记忆研究的新成果，提出了"思维的基本法则"。这个法则是我们研究思维活动和教学工作的一条重要规律。

---

① ［美］索拉索（Solso R. L.）：《21 世纪的心理科学与脑科学》，朱滢、陈烜之等译，1 页，北京，北京大学出版社，2002。
② ［美］M. S. Gazzaniga：《认知神经科学》，王甦、朱滢、沈政等译、校、审，537 页，上海，上海教育出版社，1998。
③ ［美］M. S. Gazzaniga：《认知神经科学》，王甦、朱滢、沈政等译、校、审，644 页，上海，上海教育出版社，1998。

第三节　发展形象思维是实现思维全面发展的必然选择

长期以来，中小学校学生的学习普遍存在枯燥乏味、抽象难懂，学生死记硬背、高分低能等现象，教育质量难以得到真正有效提高。其根本原因，在于学习过程中存在思维的不全面、不协调和不可持续发展。概括而言，主要体现在以下几个方面。

一、从课堂教学来说，学科教学普遍忽视形象思维

(一)语文

中小学教材主要为记叙文(散文、小说、游记、诗歌等)，作者把亲身经历或想象所得，通过构思形成一定的人物、情节、环境的形象与典型，然后用语言描写的方式表达出来，这里主要用形象思维。然而目前语文教学却主要用分析的方法，忽视培养学生的联想与想象，学生头脑中没有形象(画面)，觉得语文学习枯燥乏味，如同嚼蜡。学生写作文(记叙文)，头脑中要有素材，这素材就是表象。但是，作文教学不重视观察，忽视学生直接经验(表象)的积累，导致学生常常感到没有东西可写，怕写作文。

(二)平面几何

学生主要是通过解题、证题学习几何。解题首先要会看图，看出基本图形之间的关系，从中找到解题的思路，然后加以证明。但是长期以来，几何教学只教证明(逻辑思维)而不教看图，不进行图形的基本训练，学生感到证明无从下手，平面几何成为一门难学的课程，其原因就是忽视了形象思维。

(三)地理

地理学是研究地球表面人类生活的地理环境中各种自然现象和人文现象以及它

们之间相互关系的学科。地理学家把他们观察到的自然现象和社会经济现象等记载在地图上，而后通过语言来叙述及推论。地图是地理事件的一种形象表达，是贴近实际、贴近生活的。目前，地理教学一般重视地理知识的讲授，忽视地图的运用和训练，导致地理学习变成死记硬背，使许多学生失去了学习地理的兴趣。

(四)其他学科

其他学科包括体育、音乐、美术等学科。由于忽视形象思维，对这些学科的教学基本停留在技能、技巧的训练上。由于没有科学的思维训练，在技能培养、技巧提高等方面缺乏有效的途径。

二、从教学媒体来说，传统媒体存在很大的局限性

以语言文字为主体的传统教育媒体(书籍、黑板、图表、模型等)在促进教育的普及、提高教育质量、发展学生思维(抽象思维)等方面，起着十分重要的作用。但是，传统教育媒体对于表达表象系统，也就是经验知识，存在很大的局限性。具体来说有以下两个方面。

第一，客观世界在人的头脑中的反映(表象)，是形象的、可感的、变化的、动态的，是有声有色的。而对传统语言文字媒体(主要指抽象思维)的反映却是静止的、刻板的、不可感的。它难以描述科学技术学习中实验、操作、联想、想象的表象活动，以及数学学习中几何图形的变化；难以描述和表达音乐、美术、舞蹈、书法等艺术活动和体育活动。

第二，语言文字尤其是抽象概念，是一种抽象符号，抽象使人产生距离感，脱离生活，脱离实际，使知识的学习成为一种枯燥乏味和难懂的事。

三、从教育理论来说，单一思维的理论有很大的片面性

由于20世纪思维研究的种种禁锢，教育理论长期处在单一思维(抽象思维)的理念上。可以说，在教育理论中，抽象思维的理念几乎一统天下，下面仅就教育理论中几个基本概念(思维、智力、技能)来说明。

(一)思维

心理学者们曾对思维做过如下定义:

◆思维是"理性认识,或指理性认识的过程。是人脑对客观事物能动的、间接的和概括的反映。包括逻辑思维和形象思维,通常指逻辑思维"。①

◆思维是对周围世界的间接的和概括的认识(反映)过程。它的反映本质是:第一,反映对象和现象的一般的和本质的特性,包括不能直接知觉的特性在内;第二,反映对象和现象之间的实质性的关系与规律性的联系。②

◆思维是人脑对客观现实概括的和间接的反映。它反映的是事物的本质和内部规律性。③

◆思维是脑对所获信息的加工过程。④

◆我们可以把思维的基本点概括为三点。第一,思维是一种间接的、概括的认知。这种认知活动存在于内部、脑中或认知系统里,是由行为推论出来的。第二,思维是一种过程。这个过程包括认知系统的一系列操作。第三,思维是解决问题行为中的指向,是指向问题解决的。⑤

◆思维是心理活动的高级形式,它是借助于表象、概念、判断反映客观现实的一种认识活动。⑥

上述列举的思维的定义中,多数定义都认为思维是人脑对客观现实的概括的、间接的反映。这里的思维是指抽象思维,而忽视了形象思维。

(二)智力

传统智力观继承了比奈智力测验中所体现的智力一元论。而在这个智力一元论

---

① 辞海编辑委员会:《辞海》第七版,4097 页,上海,上海辞书出版社,2019。
② [苏联]B. A. 克鲁捷茨基:《心理学》,赵璧如译,182 页,北京,人民教育出版社,1984。
③ 章志光:《心理学》,174 页,北京,人民教育出版社,2002。
④ 刘奎林、杨春鼎:《思维科学导论》,47 页,北京,工人出版社,1989。
⑤ 汪圣安:《思维心理学》,4 页,上海,华东师范大学出版社,1992。
⑥ 胡文耕:《信息·脑与意识》,169 页,北京,中国社会科学出版社,1992。

的背后就是思维的单一说。美国心理学家索里①(J. M. Sowry)在谈到智力测验的影响力时说："用这种或那种方式设计出来的大多数测验，目的都在于了解同抽象思维有关的一种或几种能力。"并指出：斯皮尔曼的二因素说主要是一种概括化的机能，桑代克的测验是为了测量抽象能力而设计的。和比奈一起制定第一个智力测验的推孟则认为，一个人的智力和他的抽象思维能力成正比。朱智贤认为，"抽象概括能力(逻辑思维能力)是智力的核心成分"②。以上观点充分说明，传统智力理论是建立在抽象思维的单一思维基础之上的。

(三)技能

教育心理学一般把技能定义为"通过练习获得的能够完成一定任务的动作系统"③。技能可分为智力技能和动作技能。智力技能是"借助于内部言语在头脑里进行的"④。动作技能是指"通过练习形成的一定的动作方式……由一系列动作组成"⑤。以上定义说明，智力技能占据最主要的地位，而动作技能只是"动作方式"，与思维没有什么联系。于是，在实际教学中，把书写、绘画、实验操作、体育运动及音乐的吹拉弹唱等，一概视为不用思维的操作活动。

综上所述，我们可以看出：长期以来中小学教学中存在的主要问题，其根源是由于课堂教学、传统教育媒体、教育理论忽视形象思维，在学习过程中思维的发展是不全面的。本研究以马克思主义认识论和以人为本等重要思想为指导，以发展形象思维为突破口，以思维的全面发展理念(既要发展抽象思维，又要发展形象思维)为指南，进行了"学习与思维"的理论研究和教学实验，二十多年的理论研究和教学改革实验表明，发展形象思维是实现思维全面发展的必然选择。

---

① ［美］J. M. 索里、C. W. 特尔福德：《教育心理学》，高觉敷、刘范、林传鼎等译，564 页，北京，人民教育出版社，1982。

② 白学军：《智力心理学的研究进展》，4 页，杭州，浙江人民出版社，1996。

③ 中国大百科全书总编辑委员会：《中国大百科全书·心理学》，153 页，北京，中国大百科全书出版社，2002。

④ 中国大百科全书总编辑委员会：《中国大百科全书·心理学》，153 页，北京，中国大百科全书出版社，2002。

⑤ 彭聃龄：《普通心理学》，471 页，北京，北京师范大学出版社，2001。

第四节 思维的全面性，使思维成为学习的有效工具

公元前 300 多年，古希腊哲学家、教育家和科学家亚里士多德建立了第一个逻辑系统，他的 6 篇逻辑学著作(《范畴篇》《解释篇》《前分析篇》《后分析篇》《论辩篇》和《辩谬篇》)详细论述了命题、三段论、演绎方法等问题。6 世纪，其传人认为逻辑是一种认识的工具，把这 6 篇著作编辑出版，称为《工具论》。到了 17 世纪，英国哲学家培根创立并阐明了一种新的逻辑方法，即归纳法，他的理论著作被称为《新工具论》，以示他的著作有别于亚里士多德的以演绎法为主的《工具论》。总之，早在 1000 多年以前，人们已把逻辑称为认识的工具。今天，人们对思维方法、思维规律的认识大大丰富了。思维的全面发展，既有抽象思维(逻辑思维)，又有形象思维，思维(思维方法、思维规律)作为人们认识的工具的作用，更加凸显出来了。学习是一种认识过程，是人们获得、理解知识(经验)和表达、运用知识(经验)的过程，学习一刻也离不开思维这个工具，所以，思维作为认识的工具，是学习的工具，而且是有效的工具。思维作为学习的工具，有两大特点，即通用性和可操作性。

一、通用性(共同性)

思维的通用性是指思维方法、思维规律跨越国界和学科的界限，具有普遍性的意义。

全世界语言约有 6000 种，就使用来说，诸语言很不平衡，少数几种语言使用的人数很多，而大多数语言使用的人数很少。不论语言如何千差万别，但人们使用的思维方法是基本相同的。比如，我们阅读外国作者所画的图像，如几何图形、地形图、工程图等，或欣赏操不同语言的艺术家演奏的乐曲、画的绘画，这是不需要翻译的。因为他们所用的思维方法是基本相同的。

同理，一个学生要学习多种课程，仅中小学就有十几门课，虽然课程内容各不相同，但是，他们理解和运用所学内容的思维方法基本上是相通的。学科之间思维

方法的通用性，比比皆是：

分解和组合是形象思维的一个基本方法。学习化学时，化学反应的过程就是物质的分解与化合的过程，反映在思维上，就是分解与组合；学习平面几何时，几何图形一般都是用若干基本图形组合成的，解题时，要能从综合的图形中看出（分解）基本图形，并能根据问题所给的条件，把其中一些基本图形组合起来，也是图形的分解与组合；学习地理时，对地图的分解、组合，则是读图的基本技能。

又如演绎法，是抽象思维的一种常用方法，是从一般到个别的方法。三段论式是演绎推理的主要形式，它撇开概念、判断、推理的具体内容，无论语言或图像的推理都可运用，具有普遍性的意义。

在语文课上培养学生再造想象能力，不仅是为了培养学生阅读文学作品的需要，也培养了数理学科解应用题中对问题情境进行再造想象的能力。不少学生不会解应用题，往往是从读不懂题目开始的，他们不明白解应用题，既要用形象思维（再造想象）读懂问题，又要用逻辑推理去解决问题。

写作课和美术课在思维方法上有许多共同点，美术课上培养学生深入细致地观察，开展联想和想象，其思维方法和写作课是一样的，只是表达的方式不同罢了。①

科学家的创造力是尖端的，但他们用来思考问题的基本思维方法，同普通人是一样的。爱因斯坦说："想象力比知识更重要，因为知识是有限的，而想象力概括着世界上的一切，推动着进步，并且是知识进化的源泉。"②如今一个普通的科学研究人员能读懂这个高深理论，是因为科学家和普通研究人员的基本思维方法是相同的。17世纪，牛顿以他天才的智慧发表的《微积分》，如今高中学生就能基本领略他的理论，就是因为高中生和大科学家有着共同的思维方法——数学分析的方法。可见，思维规律是人类共同的，如语言的某些规则是共同的。前面说过，当人们用思维把词汇组成句子时，要使他们表达的意思被他人正确地理解，就需要遵照某些共同的语言规则。这些规则是在历史进程中约定俗成的。美国语言学家乔姆斯基（Noam Chomsky）认为，在人的语言能力中，一部分是后天学会的，即通过经验获

① 温寒江：《学习与思维——学习中思维的全面协调可持续发展》，19页，北京，教育科学出版社，2010。

② [美]阿尔伯特·爱因斯坦：《爱因斯坦文集》第一卷，409页，许良英、李宝恒、赵中立等编译，北京，商务印书馆，2017。

得的，另一部分是先天具有的，即全人类共同的。①

脑科学家卡尔文(W. Calvin)指出：

脑中存在着一个"语言模块"，它位于大多数人左耳上方的脑区中。"通用语法"可能在出生时便布线其中……虽然脑中的神经布线是先天的，但失去了内驱力或机会，就没有相关的经验，也根本就不再用这些布线了？在我看来，这两种可能性都是和乔姆斯基的观点相一致的。②

那么，通用性的意义是什么？

第一，我们知道，思维方法分为一般思维方法和特殊(专业)思维方法，思维规律也分为一般思维规律和特殊思维规律。思维作为学习工具的意义就在于：以有限的基本思维方法、规律去掌握无限的知识，解决无限的问题，也就是说，思维能以少胜多，一个句型可以经常运用，一条规律能概括很大一部分知识。这是何等的价值、何等的效率啊！

第二，通用性还告诉我们，客观事物具有一种内在的和谐关系。"思维规律和自然规律，只要它们被正确地认识，必然是相互一致的。"③自然科学一些重大规律的发现，加深了人们对客观世界和谐性的认识。例如，万有引力和电磁力的发现，深化了人类对世界本质运动统一性的认识；元素周期律的发现，从根本上改变了化学领域，使人们认识到元素之间的内在规律性的联系；达尔文的生物进化理论给生物学带来革命性的影响，使人们了解到生物体内结构与功能的一致性。又如人的德、智、体、美、劳的发展，是一种和谐的发展，思维是其全面发展的共同基础。科学与艺术，过去人们把它们看成是没有联系的领域，如今，人们发现它们共同的东西——形象思维。

二、可操作性

可操作性是思维方法的基本特点，是指人的大脑对客观事物在大脑中的表征

---

① 中国大百科全书总编辑委员会：《中国大百科全书·语言文字》，314 页，北京，中国大百科全书出版社，2002。

② [美]威廉·卡尔文：《大脑如何思维——智力演化的今昔》，杨雄里、梁培基译，83 页，上海，上海科学技术出版社，2012。

③ 《马克思恩格斯选集》第三卷，中共中央马克思恩格斯列宁斯大林著作编译局编译，547 页，北京，人民出版社，2012。

(语言、符号、表象)进行的一种操作(加工)。如果思维过程不具有可操作性，思维就达不到它的目的。

"思维不过是神经活动及其外部行为表现"①，一般来说，人的各种认识活动都是思维的产生与表达。比如，写字要一笔一画地书写，说话要一句一句地说，数学运算要一步一步地进行计算和推理，在乒乓球比赛中，运动员要一板一板地扣杀，等等，人的种种行为表现表明，思维是可操作的。

"思维是感知和记忆的综合"②。思维就是把知觉中的思维元素(语言、符号、图像、表象等)和记忆中思维的有关元素联系起来，进行加工。这种加工的大脑机制就是工作记忆。工作记忆只能将信息暂时保存，其思维操作过程是一步一步进行的(详见第五章)。

思维是大脑的属性，它是内隐的，思维的操作也是内隐的，但又是具体的，人们可感知到它是实实在在的，与一切可看得见的过程本质上是一样的，人们可以把握它、操作它，就像通常我们操作一种物质的工具一样。思维可操作性的意义就在于，人们学习、工作时，运用思维这个工具，对事物在头脑中的表征有目的、有步骤地进行剖析、探索，去粗取精，去伪存真，由此及彼，由表及里，从而获得新知识，解决新问题。

人类思维的操作已经历经200多万年，人的思维随着生产实践、认识活动的发展而发展。人的双手从开始只会打造粗糙简陋的石器，逐步变得越来越完善，越来越灵活，以致"像施魔法一样产生了拉斐尔的绘画、托瓦森的雕刻和帕格尼尼的音乐"③。从所有这些丰富多样的思维操作中，人们总结出最基本、最常用的思维方法和思维规律，所以，思维成为学习的有效工具，是在历史发展中形成的。

---

① [美]索拉索(Solso R. L.)：《21世纪的心理科学与脑科学》，朱滢、陈烜之等译，37页，北京，北京大学出版社，2002。

② [美]威廉·卡尔文：《大脑如何思维——智力演化的今昔》，杨雄里、梁培基译，93页，上海，上海科学技术出版社，2012。

③ 《马克思恩格斯选集》第三卷，中共中央马克思恩格斯列宁斯大林著作编译局编译，990页，北京，人民出版社，2012。

第二章
思维的全面发展
与人的全面发展

本章概述

　　我们知道，德、智、体、美、劳有其各自的任务和特点，那么，人的全面发展的各育，是否存在共同的东西，其内在联系的机制是什么？这是长期以来人们关注的问题。我们以思维的全面性为基础的研究表明，这个共同的东西，就是人的认识活动。德、智、体、美、劳都是按照各自的特点和规律进行的认识活动。思维是认识过程的核心，思维的全面发展是人的全面发展中各育相互联系、相互制约的内在机制，是人的全面发展的共同基础。因此，德、智、体、美、劳是相互融通的。人的全面发展的内在联系是什么？在人的全面发展教育中，德、智、体、美、劳都有各自的目标、任务。例如，获取知识、培养技能、发展能力是智育的主要任务；培养世界观、社会主义核心价值观、积极的学习态度，遵守纪律是德育的目标；锻炼身体，掌握体育运动技能，促进身心和谐发展是体育的任务；进行审美教育，形成正确的审美观点，培养感受美、鉴赏美、创造美的能力，则是美育的目标。各育的这些目标、任务，是相互联系、相互促进、协调发展的。

第一节　德育与思维

道德认识、道德情感和道德行为是个体道德品质形成的有机过程。研究表明，道德认识、道德情感和道德行为同思维有着密切的联系。因此，发展思维，尤其是发展形象思维，对于道德品质的形成有着十分重要的意义。下面我们从道德认识、道德情感和道德行为三个方面来阐述德育与思维，研究思维在思想道德教育中的作用。

一、道德认识

马克思指出："人的本质不是单个人所固有的抽象物，在其现实性上，它是一切社会关系的总和。"①青少年思想道德的形成，受到多方面复杂因素的影响，有学校内部的又有社会环境的，有正面的也有负面的，有积极的也有消极的，等等。因此，必须充分发挥学校的影响作用，有目的、有计划、有组织地实施德育，提高他们正面的、积极的、高尚的道德认识，才能使德育朝着预期的目标发展。

在青少年中，树立科学的世界观、人生观，践行社会主义核心价值观，培养良好的思想品德和行为规范，就要加强辩证唯物主义和历史唯物主义的教育，就要学习有关政治、经济、社会、人生、人际等多方面的知识。所以，道德认识的内容其实是广泛而丰富的，它寓于各科教学内容之中。

道德认识、道德原则的教育，是一种认识过程，思维是其核心。关于德育中的思维，人们一般重视抽象思维而忽视形象思维，把德育看成是讲理论、讲大道理、上政治课。其实，德育工作要取得实效，就要根据学生的年龄特点，通过摆事实讲道理，把理论和实际结合起来，使德育贴近生活，贴近实际，扣人心弦，使受教育

① 《马克思恩格斯选集》第一卷，中共中央马克思恩格斯列宁斯大林著作编译局编译，135 页，北京，人民出版社，2012。

者的心灵受到震撼。因此，德育就要用翔实的材料，形象化的知识，用艺术形象，用英雄模范的事迹，晓之以理，动之以情，才能收到好的效果。

毛泽东同志是用形象思维进行思想教育的典范。他把旧中国人民受帝国主义、封建主义和官僚资本主义的压迫，比作压在中国人民头上的三座大山。他在党的七大上讲愚公移山的故事，号召我们学习愚公移山的精神，每天挖山不止，去挖掉这三座大山，这个比喻是多么形象、多么深刻啊！他善于用典型来教育人民，他树立的张思德、白求恩、雷锋、焦裕禄等典型，教育了革命的几代人。

二、道德情感

（一）道德情感的产生与思维

情感的产生首先来自人们亲身经历的道德实践，来自家庭、学校生活中的亲情、友情、乡情，如母亲的一次爱抚、父亲的一句赞扬的话等。如果你在农村长大，那农家袅袅的炊烟、云雾环绕的山峦、山间叮咚作响的泉水，给你留下美好的记忆。在童年生活中，一桩桩经历，常伴随着或淡或浓的情感体验，在头脑中既留下种种表象，又积淀着情绪感受。这种表象记忆和情感感受是融合在一起的。人们的生活阅历越丰富，其情感积淀也越丰富。

除了直接情感经验以外，人们更多的是从教师、书籍、艺术作品和各种榜样的学习中，获得间接的道德认识和情感体验。这种间接产生的道德情感，是以从生活实践中积累起来的形象记忆和情绪记忆为基础，是由思维引发的。

作家总是在他所塑造的形象中饱含着自己的思想感情，把自己的情感熔铸到典型人物中去。因此，在文艺作品中，每一个人物、景物、场面都融合着作家的感情。"法国作家巴尔扎克说，他整天'过着我所描写的人物生活'。福楼拜说他写作时会把自己完全忘记，'创造什么人物就过什么人物的生活'。"①

教师在讲授文艺作品或历史事件时，也常常把自己的情感融入文章的情境和历史事件中：

---

① 十四院校《文学理论基础》编写组：《文学理论基础》，215 页，上海，上海文艺出版社，1981。

一位历史教师在讲巴黎公社时……这位教师讲解的时候，情感随着历史进程的发展而变化：讲 3 月 18 日蒙马特尔高地起义，她激动、兴奋；讲五月流血周刽子手对工人的残杀，她愤慨、激怒；讲公社战士保卫公社的英勇斗争，她自豪、崇敬，就好像她也是一名亲身经历了巴黎公社英勇斗争的老战士，把同学们也带到了那英勇悲壮的历史年代。①

因此，当学生听教师讲述或阅读文艺作品、观看影视资料、学习英雄模范事迹时，这些形象性、情境性的感知，引起了他们的联想和想象，激活了他们头脑中相关的道德认知和情绪记忆，把新旧两种情境结合起来，通过思维活动，获得了新的认知，并感受、体验到自己未曾感受过的生活，产生了新的情感体验。因此，新的情感体验的产生，是由思维活动(联想、想象)引起的。但是，人们在接受道德教育时，同样的道德情境、道德内容，如同样读一本文学作品、同样听一个英雄人物事迹、同样参与一个教育活动，各人的情感体验不尽相同，有的很受感动，有的有所体验，有的无动于衷。这是为什么呢？美国心理学家阿诺德(M. B. Arnold)在 20 世纪 50 年代提出了情绪认知理论。

阿诺德认为：

刺激情景并不直接决定情绪的性质，从刺激出现到情绪的产生，要经过对刺激的估量和评价，情绪产生的基本过程是刺激情景—评估—情绪。同一刺激情景，由于对它的评估不同，就会产生不同的情绪反应……情绪的产生是大脑皮层和皮下组织协同活动的结果，大脑皮层的兴奋是情绪行为的最重要的条件。②

可见，由于对道德情境、道德事实的认识不同，人们产生的情感也不同。所以，道德情感是同道德的价值取向紧密联系着的，社会价值观的多元化就是产生不同道德情感的社会根源。因此，要产生丰富而高尚的道德情感，就要不断提升人们的道德价值观和评价能力。

(二)道德情感的表达与思维

人的情感(包括道德情感)是丰富和细致的。通常人们用语言来表达他的情感

---

① 冯克诚：《实用中小学课堂教学方法大系：中学卷》，869 页，呼和浩特，内蒙古大学出版社，1999。
② 彭聃龄：《普通心理学》，377 页，北京，北京师范大学出版社，2001。

体验，如向亲人诉说他生活中的喜、怒、哀、乐，向朋友叙述他的一次苦难的经历，等等。然而，许多复杂而细腻的情感，难以用语言准确地表达出来。比如，当你见到日夜思念又多年不见的亲人时，你千头万绪的感情涌上心头，而你却说不出话来；当你来到一个风景旖旎、美到极致的景点时，心情无比兴奋，却找不到合适的语言来表达。这就是所谓"只能意会，不能言传"。

艺术家则能用特殊的语言，来表达丰富的感情。

黑格尔曾说过：

因为真正的艺术家……形象表现的方式正是他的感受和知觉的方式……例如，一位音乐家只能用乐曲来表现他胸中鼓动的最深刻的东西，凡是他所感到的，他马上就把它变成一个曲调，正如画家把他的情感马上就变成形状和颜色，诗人把他的情感马上就变成诗的表象，用和谐的字句把他所创作的意思表达出来。①

作家刘白羽以他写《早晨的太阳》这篇通讯为例，谈他的创作经历时说：

当我在冰封雪冻而洋溢着大跃进激情的郭尔罗斯原野上行走着，大自然风貌，人的风貌，是那样蓬勃，那样绚烂，简直是一曲神妙的交响乐。但对我来说，只有当那个在黎明雪雾下，蹲在冰湖上思索的"杨半夜"这个形象在我头脑中清晰了、突出了，我才动笔写这篇文章的。因为这个形象概括了我们社会主义的人在改造天寒地冻的大草原中的精神面貌，同时也恰当地表现出我想传达的那种像早晨太阳一样温煦照人的心意。②

作家通过"杨半夜"这个人物形象，概括了"我们社会主义的人在改造天寒地冻的大草原中的精神面貌"，传达了"那种像早晨的太阳温煦照人的心意"。作家在丰富的生活体验基础上，运用形象思维进行酝酿、构思，于是一个直观的形象"杨半夜"在作家的头脑中渐渐鲜活起来，故事的轮廓也逐渐清晰起来。这时，作家丰富的感情体验就附丽于艺术形象中。就这样，作家的情感找到了表达的形式。

绘画是一门视觉艺术，运用线条、形体和颜色来反映现实，表达审美感受。画家傅抱石一生热爱大自然，对祖国的壮丽山河怀有真挚的情感。他走遍祖国大川名山，"搜尽奇峰打草稿"，通过创造性想象，创造了一幅幅巨作。画中一山一水，

---

① ［德］黑格尔：《美学》第一卷，朱光潜译，362页，北京，商务印务书馆，2011。
② 刘白羽：《给人民做一个通信员：〈早晨的太阳〉序》，载《人民文学》，1959(6)。

一草一木，无不深深地渗透着画家对祖国的情感。

音乐是听觉艺术，通过旋律、和声、节奏、音色等音乐要素，运用曲式的思维形式，表达作者对美的领悟和情感体验。作曲家王锡仁对毛主席怀有无比热爱之情，这种感情一直推动着他想去创作一首歌颂毛主席的乐曲。一天晚上，这种感情在他胸中强烈地鼓动着，在办公室里，王锡仁用了一整夜的时间，完成了《太阳最红，毛主席最亲》这首为大家所热爱的歌曲。

可见，艺术家通过艺术构思，运用形象思维，找到了他表达情感的形式。作家用文学语言的描写，通过典型人物、故事细节形象地表达他的感情；画家用流畅、多变的画笔，通过线条、颜色传达他的感情；音乐家用音乐语言，唱出了他的感情；舞蹈家用舞姿形体语言，表现他丰富多彩的感情。学生、欣赏者阅读、观看、聆听、欣赏这些作品的过程，是一个再认识过程，情感活动是随着激活认识活动而展开的，是客观实际和主体的主观认识统一的过程，其中，思维活动（主要是形象思维）起着关键的作用。

三、道德行为

人们生活在一定的社会环境中，通过语言和行为，把自己融入社会和集体中去。因而，个人的言行受到一定社会条件和个体生活环境的制约。德育就是把一定的社会思想和行为规范转化为个体的思想意识与道德品质的教育。道德行为就是把道德认识、道德情感转化为道德实践的体现，它是道德认识过程中的有机组成部分，是道德认识过程中更加重要的部分。

道德行为是道德认识和道德情感的一种表达。当人们对某种道德规范、准则有了认识，并且受到情感的激发，就能见之于行动，照着规范要求去做。比如：

学生认识到教师的作用，又亲身体会到教师对他的帮助，尊重教师的要求就会变为自觉的行动。有的道德行为是由于模仿而产生的，如人们看到身边的榜样或英雄模范的事迹，就按照榜样的行为去做。模仿也是一种认识活动，学习者要将模仿的活动方式，在头脑中形成表象，然后照着去做，在做的过程中通过反馈和修正，使自己的活动（表象）和被模仿的行为方式（表象）一致起来，这是一种典型的形象思维活动。

上述这些道德行为，如果受到老师、他人、集体的称赞、表扬，个体既体验到道德实践的成功感，也提高了认识，行为也就得到了强化，由此逐渐形成一种道德习惯。可见，道德行为的产生，无论是基于道德认识还是基于学习模仿或行为习惯，都同形象思维密切联系着。

第二节　智育与思维

从打造第一块尖利的石器起，人类认识自然、改变自然的活动就开始了。有证据表明，中国元谋人、非洲人早在约 160 万年前就开始会用火。在漫长的岁月中，人类经历了农业文明、工业文明，而今已经迈入信息技术文明时代。人类不断地加深对自然的认识，开拓改造自然活动的领域。今天，人们从事各种各样的活动，有的人经商，有的人读书，有的人从事科学研究，等等。科学家正在探索 150 亿年前的宇宙大爆炸是怎样发生的；生物学家试图利用已探明的基因图谱，寻找治病良方。在如此众多的人类认识自然、改造自然的活动中，人们在思考：影响或决定着人类认识(实践)发展的主要原因是什么？恩格斯在《自然辩证法》中说："自然科学和哲学一样，直到今天还全然忽视人的活动对人的思维的影响；它们在一方面只知道自然界，在另一方面又只知道思想。但是，人的思维的最本质的和最切近的基础，正是人所引起的自然界的变化，而不仅仅是自然界本身；人在怎样的程度上学会改变自然界，人的智力就在怎样的程度上发展起来。"[①]这里，恩格斯指出：人的思维、智力在认识自然和改变自然的活动中得到发展。恩格斯为我们研究智力指明了方向。

一、两种思维智力的定义及内涵

(一)智力的新定义

我们通常称那些事业上有成就的人为精明的人，称善于经商的人为机灵的人，

---

① 《马克思恩格斯选集》第三卷，中共中央马克思恩格斯列宁斯大林著作编译局编译，922 页，北京，人民出版社，2012。

称能工巧匠为灵巧的人，称学习成绩优秀的人为聪明的人，等等。这里"精明""机灵""灵巧""聪明"就是智力水平高的一种表现。

智力是什么？心理学关于智力的研究已有一百多年的历史。心理学家从智力的内涵、定义、结构、功能多方面对智力进行了研究。

关于智力的定义，各家说法不一，没有公认的说法。据不完全统计，国内外关于智力的定义有70种之多。有的人根据学习下定义，有的人根据适应生活和环境下定义，有的人根据抽象思维下定义，有的人则根据智力测试量表所得的分数来下定义，等等。

我们根据恩格斯的观点和我们课题关于两种思维(抽象思维和形象思维)的研究，并参考林传鼎、朱智贤、斯滕伯格等人关于智力的定义，提出关于智力的新定义：

智力是人们认识客观世界、改变客观世界以及认识自己时的心理条件或特征，它主要是思维及思维与技能、能力相互联系、相互促进和相互转化，以及思维与知识之间的联系，是迁移与加工的心理条件。

智力定义的内涵包括三个部分：第一，思维是智力的核心；第二，思维与技能、能力三者相互联系、相互转化，以及思维与知识之间的联系，迁移与加工的心理条件；第三，与智力相关的其他心理条件，即注意、记忆、情绪等。

(二)新定义的内涵

1. 思维

思维是智力的核心，国内外不少心理学家对此都有论述。例如，朱智贤教授认为"抽象概括能力(逻辑思维能力)是智力的核心成分"[①]；高玉祥教授认为"智力是人在认识过程方面所表现出来的能力……以抽象思维能力为核心"[②]；美国心理学家推孟认为"智力是执行抽象思维的能力"。他们的观点与我们的课题研究是一致的。本书的撰写，就是把思维作为智力的中心而展开的。但是我们认为，思维应该是全面的，既有抽象思维，又有形象思维；既包括显性思维，也包括隐性思维。在这一点上，我们同已有论述又有所不同。为什么说思维是智力的核心？这是因为人类认识客观世界和改变客观世界的认识功能，最终是通过思维实现的，是因为"人

---

① 朱智贤：《有关儿童智力发展的几个问题》，载《北京师范大学学报(人文社会科学版)》，1981(1)。

② 高玉祥：《个性心理学》，193页，北京，北京师范大学出版社，1989。

的思维的最本质的和最切近的基础，正是人所引起的自然界的变化"。正如思维的定义中所说的："思维既能反映、揭示事物的本质特征和事物间的规律性联系，又能预测、计划事物的未来。"当然，这里讲的思维包括抽象思维和形象思维，如果只是单一的抽象思维或形象思维，还是没有真正成为智力的核心。

2. 思维与技能、能力、知识的关系

思维不是静止的、孤立的。思维总是不断地产生、重组、融会、提升，是在不断活动、运动中，是与技能、能力、知识相互联系和相互转化的。

（1）思维与技能

我们知道，技能活动是感官、肌肉和表象、思维的结合。只有感官活动和表象，而没有思维的形成及其加工、制作，则不能认识客观事物的本质特征及其内部的联系；而只有思维的活动而无感官的活动，则思维无以表达。因此，技能一般由人体外部动作（感官、肌肉）和内部智力活动（思维）两部分构成。这就是技能与思维的相互联系和相互转化。

（2）思维与能力

我们说过，技能是能力的基础成分，能力源于技能又高于技能，在这一点上，二者是相同的。而能力又是相关技能高水平的综合，有其特定的个性心理特征，在这一点上又是不同的。从相同点来说，技能和能力都是同思维紧密联系的。例如，学生写字是一种技能，写字时，头脑中先有字的表象、笔顺，然后才动笔一笔一画地书写出来，头脑中的表象、笔顺是心理条件，书写是外部操作活动，写字技能就由这两部分构成。王羲之是我国大书法家，他的书法是高水平的能力（创造力）。他在谈到书法时说："夫欲书者，先于研墨，凝神静思，预想字形大小，偃仰平直，振动令筋脉相连，意在笔前，然后作字。"他的"静思""预想"，是形象思维的高水平发挥。但作为一种活动过程，"意在笔前"，即先思考后写字，在这一点上，王羲之的书法（能力）和小学生写字（技能）又有共同的性质。

技能与能力的联系与区别，具有重要的意义，就是说，可以把技能的训练与能力的培养联系起来。在技能的基础上，通过思维训练，如思维的概括性、系统性、综合性、灵活性、变通性等，从而使能力得到发展，使能力的培养更具可操作性。

这种技能与思维、能力的相互联系、相互转化，是通过通常的技能训练、能力的培养实现的。

（3）思维与知识

对于智力是否包含知识，有不同的观点。我们认为，知识是思维的结果，又是思维再加工的材料，当知识作为思维的加工材料参与思维的过程时，知识就会不断地被加工成新知识。这时头脑中主观形态的知识成为智力的一部分。显然，这些知识是可以被激活的、被驾驭的知识，是可以迁移的知识。知识的迁移是通过思维实现的。正因为如此，知识与知识之间相结合形成新的生长点，知识不断地得到重组、延伸、融合和演绎，即培根所说的知识的"生殖力"。人们在学习、工作时，头脑中的已有知识被激活得越多，迁移越广，他的学习或工作的智力就越强。所以智力应当包括思维与知识的相互联系、相互促进、相互转化。恩格斯在形容马克思知识渊博时说：他的知识像海洋，他的头脑像生了火的轮船，可以驶向知识海洋的任何角落。

所以，智力是这样一种概念，它不是思维、技能（能力）、知识的相加，也不等同于认识过程，而是认识过程（包括实践）中思维以及思维与技能、能力三者相互联系、相互促进、相互转化，以及思维与知识之间的联系，是迁移与加工的心理条件，如图 2-1 所示。

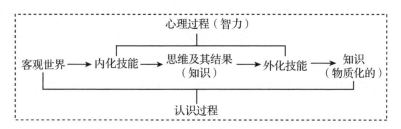

图 2-1　认识过程

3. 注意、记忆、情绪

以上我们说了智力内涵的主要方面，此外，智力活动还有注意、记忆、情绪等心理活动的参与。

（1）注意

脑科学的研究表明，受到注意的信息得到增强，未被注意的信息受到过滤。通常周围环境给人们带来大量的信息（刺激），这些信息对于一些人可能很重要，对于另一些人则无关紧要，甚至对于某些人是干扰的信息。因此，有一个选择的问题，注意的基本功能就是对信息进行选择、定向。具体地说，大脑的注意机能，主要执行三项任务：一是对感觉刺激的视觉空间中位置的定向；二是对来自感觉或记忆中靶子事件的觉察；三是维持警觉状态。研究还表明，大脑对刺激的注意倾向不同，大脑右半球倾向于整体加工，左半球倾向于局部加工。①

（2）记忆

脑科学研究指出，人的记忆存在多重记忆系统（详细论述见第二卷）。目前一般将记忆分为短时记忆和长时记忆，长时记忆又可分为陈述性（外显）记忆和非陈述性（内隐）记忆。

短时记忆具有推理的作用，所以又被称为"工作记忆"。人们在思考时，思维需要把对象的若干特点、因素组合起来进行推理，这个工作在一定程度上依靠工作记忆。所以工作记忆是思维推理的基础，也就是智力活动的基础。而思维是感觉与记忆的综合，也就是感觉与长时记忆中被激活的有关知识、表象的结合。因此，我们不能说，长时记忆属于智力，只是指长时记忆中那些能被激活的、运用知识、表象（经验）参与智力活动的那部分记忆。

（3）情绪

人的认识（实践）过程中，同时有情感、意志活动。情感，尤其是理智感，一般伴随认识活动而出现。如人们的求知欲望、学习的兴趣，在工作中获得成果或劳动中创造新产品时，产生的满足感、成功感等，都是同智力活动联系着的。反过来，这些情感的产生，又成为智力活动的动力。从这个意义上说，智和情是很难分开的。

简单地说，注意是智力的调控机制，情绪是智力的动力机制，而工作记忆是智力的工作机制。

二、两种思维智力定义的几个特点

我们用两种思维的思想对智力所做的新界定，有两个特点。

---

① ［美］M. S. Gazzaniga：《认知神经科学》，王甦、朱滢、沈政等译、校、审，291～293 页，上海，上海教育出版社，1998。

(一)全面性

由于历史等原因，以往各家对智力的界定，多有所偏重而不够全面。

有的偏重抽象思维。前面已有论述，如"用这种或那种方式设计出来的大多数测验题目都在于了解同抽象思维有关的一种或几种能力""桑代克的 CAVD 测验，是为了测量抽象能力而设计的"①。

有的偏重能力，而且能力与智力不分。例如，加德纳的多元智能论，他认为"智能是解决问题或制造产品的能力"②。"在中国，较多的心理学家认为，智力是指认识方面的各种能力，即观察力、记忆力、思维能力、想象能力的综合，其核心成分是抽象思维能力。"③

在已有的智力定义中，智力成分很少涉及知识。我们认为问题在于智力涉及什么形态的知识。例如，一位大思想家知识渊博，学贯中西，融汇古今，智力在这里表现在对知识的融会贯通上，表现在对知识的灵活运用上。言智怎能不涉及知识呢？当然，这里讲的是头脑中主观形态的知识、活的知识、能被驾驭的知识。智力就是在这种知识、经验不断地加工中得到发展。德国作家歌德写《浮士德》前后用了 50 年，爱因斯坦关于光速问题，日夜思考了长达 7 年之久，没有知识不成空想了吗？

我们在两种思维的基础上，对智力的新界定，既有抽象思维，又有形象思维，而且包括两种思维与技能、能力间的相互联系、相互促进、相互转化，知识之间的迁移、联系与加工，以及注意、记忆、理智感等。因此，新定义的内涵是比较全面的。

(二)具体性、可操作性

学校智育的核心任务是发展青少年的智力与培养能力，智力的可操作性有着重要的实际意义。下面从三个层面说明智力活动的可操作性。

---

① [美]J. M. 索里、[美]C. W. 特尔福德：《教育心理学》，高觉敷等译，564 页，北京，人民教育出版社，1982。

② [美]霍华德·加德纳：《多元智能》，沈致隆译，8 页，北京，新华出版社，1999。

③ 朱智贤：《心理学大词典》，953 页，北京，北京师范大学出版社，1989。

第一，辩证唯物主义认识论指出，在实践基础上，人的认识活动从感性认识能动地上升到理性认识，再从理性认识能动地回到实践。认识过程中这两个能动作用的心理过程是怎样进行的，我们通过内化技能、外化技能做了具体阐述。10 种基本技能与两种思维的联系，如图 2-2 所示。

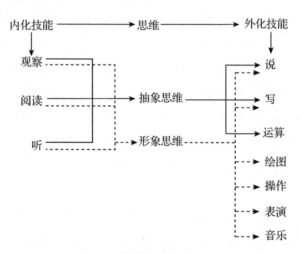

图 2-2　技能与思维联系图

从图 2-2 中我们看到，一部分技能，如观察、阅读、语言等，既与抽象思维联系，又同形象思维联系；而另一部分技能，如绘图、操作、表演等，则主要同形象思维联系。由此可见，只有两种思维的思想，才能具体解决认识过程中两个"能动"的作用，解决感性认识如何上升到理性认识，理性认识又如何回到实践。

第二，我们阐述了两种思维的一般规律和特殊规律、思维的一般方法与学科的具体方法。这样，各学科通过概念的形成，原理、定律的产生和理解，知识的迁移和运用，以及技能、能力的训练，学习的每一步都可以同两种思维的发展与训练结合起来，并且在具体学习过程中，通过这种思维与技能、知识的相互促进与转化，使智力得到具体的发展。

第三，我们阐明了技能、能力、创造力三者的联系与区别，提出能力结构的两个层次，即能力的基础成分、结构和高水平的心理品质结构。这样，既阐明能力训练的起点，又指明能力训练的目标，从而使能力培养更具有可操作性。

能力与创新力既有联系又有区别，我们可以把培养创新力和能力的提升联系起来，从而理顺了从技能到创新力训练的途径，使智力得到最佳发展。

三、认识的层次理论

（一）智力概念的界定问题

智力和能力的关系是人们关注的一个问题。20 世纪 80 年代，改革开放初期，我国中小学掀起了教学改革的浪潮，主题是发展智力、培养能力。改革涌现一批新经验，如单元教学法实验、整体改革实验、中学自学辅导教学实验、课内外结合教学体制改革实验等。但是，由于缺乏理论上的总结与提升，这些优秀经验未能很好地被传承下来。

前面我们讲到，关于智力，在现有理论中至今没有统一的定义。《中国大百科全书·心理学》中关于"智力"的条目为："智力一词的含义看起来好像人人皆知，实际上却很难提出一种完全令人满意的定义。"斯腾伯格认为："智力是一个很难捉摸的概念。"因此，智力的概念是一个长期没有完全解决的问题。

对于智力的概念难以提出一个令人满意的界定，我们认为主要有以下两方面的原因。

第一，各家对智力定义的对象范围、看法并不一致，也就是说，各有其定义的范围。我们知道，科学研究要有明确的对象，用数学的术语来说，要有明确的定义域。例如，有的人认为智力是认识能力，是人在认识过程方面表现出来的能力，智力即能力；有的人认为智力是适应生活和环境的能力；有的人认为智力是人们在不知怎么办时动用的东西。

显然，这三种对智力的界定包含的对象范围是不一样的，其中第一个定义的范围最大，是整个认识领域。第二个定义是认识领域中的一部分，因为人的认识活动，既有适应环境（自然界）的一面，也有改变环境的一面。第三个定义的范围更小了，是认识领域未知的东西，其实在人的认识活动中，已知的东西也有智力的活动，如学生的学习，主要是间接的、他人已知的东西。

第二，有不少专家在智力的界定中认为："智力是一种综合的认识方面的心理特征"。这类定义是有明确的对象的，即心理特征。但是，关于心理特征的内涵，

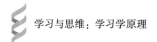

由于人们对思维存在不同认识，如只强调抽象思维，因此又产生出多种不同的界定。

(二)认识层次理论的内涵

要解决这个长期未能完全解决的问题，要有新思路。为此，我们提出认识的层次理论，即认识的层次包括行为层次与思维层次。

恩格斯说："首先是劳动，然后是语言和劳动一起，成了两个最主要的推动力，在它们的影响下，猿脑就逐渐地过渡到人脑……随着脑的进一步的发育，脑的最密切的工具，即感觉器官，也进一步发育起来……脑的发育也总是伴随着所有感觉器官的完善化。"[1]"迅速前进的文明完全被归功于头脑，归功于脑的发展和活动；人们已经习惯于用他们的思维而不是用他们的需要来解释他们的行为。"[2]

上述论述把人类的活动、劳动和语言分为相互联系的两个层次，即感官活动(行为层次)和头脑中脑髓的活动(思维层次)，并且明确指出，人的行为要用思维而不是用需要来解释。所以，恩格斯是最早提出认识可以分为感官活动(行为)和脑髓活动(思维)两个层次，认识的行为活动需要在思维层次上得到解释。

当代脑科学的成果为认识的层次理论提供了充足的证据。

听、说、读、写是语言学习的基本活动，人们是怎样通过听、说、读、写获得对语言(知识)的理解呢？1861 年，法国神经学家布洛卡(P. B. Broca)发现有一类病人，能理解语言，但不能说话。1874 年，德国神经学家威尔尼克(C. Wernicke)又发现一类新的病例，病人能说但不能理解，他们的发音和语法都是正常的，但谁也不明白他们在说什么，甚至他们自己也不明白。后来经过研究认为，语言包含有分离的感知程序和运动程序，这些程序分别由不同脑区中的神经来控制。就是说，"看词、听词、说词和想词都有各自特异的活动脑区，从这些脑区似乎有各自独立的通路到达更高级的脑区来理解词的意义和表达"[3]。

---

① 《马克思恩格斯选集》第三卷，中共中央马克思恩格斯列宁斯大林著作编译局编译，992 页，北京，人民出版社，2012。
② 《马克思恩格斯选集》第三卷，中共中央马克思恩格斯列宁斯大林著作编译局编译，996 页，北京，人民出版社，2012。
③ 杨雄里：《脑科学的现代进展》，14 页，上海，上海科技教育出版社，1998。

在本书第五章中，我们引用了一个典型的脑科学个案研究，该实验结果表明，被试在学习空间作业(点与圆)时，激活的四个区域都在右半球，而进行语言作业(认识字母)时，多数显著激活区在左半球。实验表明，人的学习基本活动，都同特定的脑区的神经活动相联系。

当一个人(被试)走向一个目标时，由于有视觉的及时反馈(视觉神经元的活动)，对目标的方向、距离不断进行评估，使他能够准确地到达目标；而大脑顶叶后部损伤的患者，则难以预测自己行为的结果。

(三)两种思维的学习理论的观点

两种思维的学习理论强调学与思的结合，认为学习的活动(行为)要在思维层次得到解释。两千多年以前，孔子就提出了学思结合的思想，他说："学而不思则罔，思而不学则殆。"

1. 社会活动中的学习

我们认识一个人，就要仔细观察他，才能抓住他的基本特征。其中每一次观察都在脑中形成一个表象，大脑把先后多次观察得到的表象进行比较、修改和补充，才得到稳定的基本特征。这种对表象的加工(比较、修改、补充)就是思维活动。

2. 语文学习

(1)句子

句子由字词组成，是文章的基本单位。对于句子中一些字词，过去学习过，懂得它的意思；对于一些未学过的字词，要用识字法学会这些生字。学习句子时，要先用分析的方法，懂得每个词的意思；然后用句法把字词组成句子，用概括的方法或联想、想象的方法，理解整个句子的意义。

(2)段

文章由段组成，段又由句子组成。理解一个段的意思，要用分析的方法，理解各句的意思，再用概括的方法或联想、想象的方法，理解整个段的意义。

(3)全文

由段到全文，也是用上述的思维方法。可见，语文学习包含相互联系的两个层次，既有听、说、读、写的感官活动，即行为层次，又有语法分析、概括归纳、联想想象活动的思维层次，而学习的理解取决于思维层次。

3. 数学学习

数学学习的对象是现实世界的数量关系和空间形式，是非常现实的材料。但是在数学的学习或研究时，为了能在纯粹的状态中研究这些关系和形式，必须使它们脱离具体的内容，而以抽象的形式出现。这样我们就得到没有长、宽、高的点，没有厚度、宽度的线以及没有厚度的面，即几何图形和抽象的符号以及这些图形、数量关系的推导，这些推导源于实践而不是先验的来源。例如，在直角三角形中，我们通过边的对比关系，得出三角函数关系和各种恒等变换，所得到的内容就是三角学。从平行线公理出发，研究点、线、圆、多边形的图形关系及各种推导，就形成了欧氏平面几何学。

所有这些有关数学的深层次活动，不都是思维活动吗？可见，我们研究现实世界的空间形式和数量关系，只能在思维层次得到正确的解释。

四、智力与能力

（一）智力、能力界定的理论依据

认识的层次理论说明，人在身心发展过程中，人的行为（认识活动的方式方法）发展了，人的思维及情感等也就得到相应的发展，个人的认识成果就会不断地融汇到社会中。在漫长的历史进程中，人类的物质文明和精神文明大大丰富了。正是因为人类文明的丰富性，在现实生活中，便出现了两种人。

第一种人是能人。他们办法多、有能力、善于创新。人们通常称他们为实干家、革命家、工程师、建筑师等。

第二种人是智者。他们有智慧、善思考、思维敏捷、知识渊博。人们称他们为思想家、哲学家、数学家、设计师等。

能人与智者各有所长，这就说明，个人在发展过程中，在认识的两个层面各有特点。因此，我们从这个角度把人的认识活动分为两种，即能力和智力。

能力是一种顺利地或高质量地完成获取知识（经验）和运用知识（经验）的个性心理特征，是技能的高水平综合。从广义来说，能力有三个层次，即技能、能力和创新能力。因此，能力包含了认识活动的行为层次，是一定类型活动的能力。

智力是人们认识客观世界、改变客观世界以及认识自己的心理条件或特征，它主要是思维以及思维与技能、能力相互联系、相互转化和知识(主观的)间的迁移、联系与加工的综合心理条件。

从上述两个定义中，我们不难看到，能力的概念是从认识的行为层次角度提出来的，是外显的、可操作的。能力创造了人类的物质文明。而智力的概念，是从认识的心理、思维层面提出来的，是内隐的，也是可操作的，智力开发了人类的精神文明。

因此，智力与能力是有区别的，那种把智力等同为能力或把智力、能力统称为智能的观点，无助于我们深入研究人的发展和人才的培养。

(二)智力与能力的联系

智力与能力有区别又有联系，因为认识的两个层面是相互联系的。

我们在讲到技能时，说明技能一般由人体外部动作(活动的方式方法)和内部思维两个部分构成。讲到能力时，阐述了能力是技能高水平的综合，是在技能的基础上，通过思维的概括、综合、灵活的训练而形成的。讲到创造性思维时，指出它是创造活动中，两种思维(抽象思维、形象思维)新颖的、灵活的、有机的结合。因此，能力的心理特征，是头脑中以思维为核心及思维与技能、能力、创新能力以及知识的互相联系与转化。这就是人们通常说的动手与动脑之间的互进关系。手的动作细致化，促进了思维向精细发展，而思维的精细化，又促进了手的灵巧。

因此，能力的心理特征是智力的一部分，这就是智力与能力的联系。但是，智力又有其独有的特征，如知识在头脑中的迁移、融合、贯通，是不同于能力的。

例如，作家在深入生活、体验生活和积累素材的基础上进行作品的构思，经过长时间的孕育，反复提炼，才形成作品。托尔斯泰创作《复活》，经过艰苦的思想探索，历时10年。郭沫若的《棠棣之花》改了又改，经过了25年，而写剧本只用了5天。可见，把实践经验上升到理论，就是一种典型的智力活动。

丹麦天文学家第谷·布拉赫善于观察，他用了30年时间，精密地观察行星的位置，获得了大量数据，但他却短于理论分析，没有得到行星运行的正确结果。而

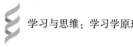

他的助手开普勒善于数学和理论分析，从老师的宝贵资料中发现了行星运动三定律。这个例子表明了能力与智力的差别。

五、智力的品质与培养

智力表现为思路清晰、有远见卓识，既能解决人们日常学习与工作中的问题，又能引领人们去攀登科学的高峰。下面我们将通过研究智力的品质，阐述发展智力的重要意义。

智力的品质主要体现在预见性、深刻性和创造性三个方面。

（一）预见性

预测和计划事物的未来，是思维的一项基本功能。"一日之计在于晨"。人们在每天早晨或工作开始之前，预想当天要做的工作。"一年之计在于春"。农民在一年的开春，要安排一年的种植，思考资金、人力、生产、销路等问题。人们从对日常生活衣、食、住、行的计划安排到工作事业的计划、经济发展的规划，都是运用智力对事物发展的设计和预见。

脑科学研究认为："前额叶皮层负责产生和保持明确的关系表征，以指导思维和行动。"[1]额叶受损后对被试的作业会产生影响，这些作业包括：制订计划、序列行动，根据背景来调节社会性行为等。[2]

人类对未知领域的探索，是人类文明的推动力。例如，海王星的发现是人类智慧的胜利。1781年，发现天王星后，人们注意到它的位置同根据太阳和已发现的行星的引力进行计算的结果不完全相符。于是有人猜想这种现象的出现是受另一颗尚未发现的行星吸引的结果。这是一项很复杂的计算。当时一位年仅23岁的英国剑桥大学的学生亚当斯（J. C. Adams），用两年的时间推算得到这颗未知行星的轨道。两年后，柏林天文台的天文学家卡勒（J. G. Galle）根据亚当斯推算的结果，发

① ［美］M. S. Gazzaniga：《认知神经科学》，王甦、朱滢、沈政等译、校、审，671页，上海，上海教育出版社，1998。

② ［美］M. S. Gazzaniga：《认知神经科学》，王甦、朱滢、沈政等译、校、审，681页，上海，上海教育出版社，1998。

现了海王星。

(二)深刻性

客观事物呈现在人们面前，往往是盘根错节、错综复杂的，现象与本质混杂在一起，需要通过分析、综合或联想、想象，由表及里、由浅入深、有步骤地进行思维的加工，舍弃那些表面的现象，揭示事物固有的本质。

在教师指导下，学生通过观察、阅读和听教师的讲解，面对自然界和社会的种种事物，运用思维这个锐利的武器，进行分析、综合，经过比较、概括，或展开联想、想象，一步一步地思考、研究，逐步了解自然和认识社会。所以，智力是人类认识世界、改变世界的阶梯。

(三)创造性

20世纪三四十年代以来，智力研究中最大的功绩是澄清了长期以来人们关于创造、创造力的认识，抹去人们思想中关于创造、创造力的唯心主义、神秘主义的色彩，确立了创造学的两大基本原理。

第一，创造力人皆有之。除极少人因患有某种疾病或精神不正常者外，每个正常的人都具有创造的潜力。

第二，创造力可以训练。人的创造潜力可以通过教育、训练、学习而激发出来，并且可以得到不断提高。

美国创造学家奥斯本(A. F. Osborn)说："根据科学式的能力测验，发现任何人或多或少都具有独创性的潜在能力——换句话说，人与人之间虽有程度上的差异，可是任何人都具有创造力，则是毫无疑问的。"[1]

课题组成员特级教师马芯兰进行了小学数学教学改革的实验，即在小学生中通过学习数学培养学生的创造力。北京市朝阳区已成功地进行了两轮推广实验。表2-1是推广实验中实验班与对照班关于创造性思维品质测试的统计。测试包括思维的深刻性、敏捷性、灵活性、独特性四个方面的内容。

---

[1] 鲁克成、罗庆生：《创造学教程》，58页，北京，中国建材工业出版社，1997。

表 2-1　实验班与对照班学生思维品质发展比较

项目班级	深刻性		敏捷性	灵活性				独特性	
	判断	推理	合理灵活	一解人数	二解人数	三解人数	四解人数	一般解法	新异解法
实验班	$N=37$ $X=80.64$ $S=9.69$	$N=37$ $X=68.32$ $S=20.33$	$N=37$ $X=87.11$ $S=10.45$	8	8	4	43	11	75
对比班	$N=42$ $X=71.93$ $S=10.97$	$N=40$ $X=4.83$ $S=18.75$	$N=42$ $X=68.57$ $S=15.47$	22	24	13	6	63	19
差异检验	$Z=3.79$ $P<0.001$	$Z=3.79$ $P<0.001$	$Z=3.79$ $P<0.001$	$X^2=38.10$ $P<0.001$				$X^2=69.85$ $P<0.001$	

从表 2-1 中我们不难看出，实验班学生在思维的深刻性、敏捷性、灵活性和独特性等品质方面都显著或极显著地优于对照班。

总之，智力概念的内涵是十分丰富的，智力的品质也是多方面、多层次的。我们在前面着重讲了三个品质，即预见性、深刻性和创造性，只是指出它的主要品质特征，以便我们抓住主要方面，不断地去发展青少年的智力。

在学校里，学生的智力在每一堂课中都在发展着、提升着，一个概念的理解、一个新知识的获得、一个解题的新思路乃至一个实验成果的完成，都闪烁着学生的智慧之光。学校的每一个学科，都可以根据学科的思维类型、学科内容的特点和体系，把学生的智力不断地引向深入。

六、智力的意义与特点

(一)智力的重要意义

智力的表现是丰富多样的。皮亚杰说："智力是你不知道怎么办时动用的东西。"①吉尔福特的智力结构模式，有 120 种独特的智力因素。张厚粲教授列出 15 项高智力儿童的最重要特征，即好奇心强，爱思考和提问，富有想象力，反应快，富有创造性，观察能力强，记忆力强，动手操作能力强，模仿能力强，兴趣广泛，表达能力强，独立性强，自信，注意力集中，适应能力强。

我们研究智力的意义，就是试图在丰富多彩的认识活动中，寻找其内在的、本质的东西，达到以简驭繁，抓纲带目，从整体上抓住认识活动的纲。根据认识的层次理论，我们认为这个纲就是思维，思维是智力的核心。抓紧思维这个纲，就能举一反三，就能产生广泛的迁移。智力的表现有成千上万种，是多元的，而它的核心是思维，从这个意义上来说，智力是一元的。

如果把认识过程(包括实践)分为身体(感官、肢体)的活动和心理的活动，那么，前者是外显的，后者是内隐的。人们往往重外显，轻内隐，忽视了认识过程中起根本作用的智力活动。具体表现在：①不重视思维的发展，尤其忽视形象思维的发展；②把技能分为智力技能与动作技能，忽视了很大一部分技能与思维的联系；③读书不求甚解，死记硬背；④解题不重视思维训练，大搞"题海战术"；⑤孤立地训练技能，而忽视了能力、创新能力的培养；等等。我们强调发展形象思维，开发智力，就是为了克服上述种种弊端。

由此可见，我们研究智力的意义，首先是为了充分、全面地开发人的智力，寻找发展智力的最佳途径，以培养具有聪明才智的一代新人；其次才是为测量人的智力提供理论和方法上的依据。

(二)智力的几个特点

1. 发展性和继承性

(1)人类智力随着社会的发展而发展

人类的活动是社会性的，随着社会向前发展，人的智力也随之发展。远古的人类祖先依靠采集野果、捕猎动物来充饥，生活促使他们开始认识植物的生长、了解动物的习性，然后学会种植和饲养。他们从植物的生长、开花、结果中感悟一年四

① 　[美]威廉·卡尔文:《大脑如何思维——智力演化的今昔》，杨雄里、梁培基译，13 页，上海，上海科学技术出版社，1996。

季的变化；他们风餐露宿，观察天象，看到月球的盈亏、星斗的转移、周围事物的变化，自然现象反复出现的周期性和因果关系，促进了他们思维的发展。原始人要获得食物是不容易的，他们要打凿工具，过着群居的生活，他们要协同活动，要相互交流。他们直立起来以后，最初或许用手来比比画画，或许配合着咿咿呀呀的叫喊声，以此来表达他们的意思。2002年，英国剑桥大学科学家在印度的一个采石场遗址里发现了一个约有100万年历史的阿舍利型石器。科学家认为，制造这些工具的原始人，可能已经相当聪明，会协作和交流，但对未来没有什么计划。① 随着发声器官喉咙的发展和音素、音节的出现，人类开始有了语言，于是智力得到更大的发展。

在一二百万年漫长的岁月中，人类的认识活动，造就了一个发达的大脑，它是智力活动的物质基础。"200万年前的猿人脑容量为700毫升，100万年前直立人脑容量为1000毫升，50万年前增加到1200毫升。裴文中先生于1929年发现的57万年前的北京（直立）人脑容量为1050毫升。现代人的脑容量平均为1450毫升。脑容量增长的同时，大脑皮层褶皱面积也不断增加，现代人为1700~2200平方厘米。"②

人类历史发展的各个时期，尤其是近现代，产生了丰富的物质文明和精神文明，它是人类智力的产物，而当代，这两种文明的发展越来越快，我们从知识量的增长和科技发展时间的缩短上就可以得到很好的证明。

"据统计，人类科学知识量在19世纪，50年增加1倍；20世纪初，30年增加1倍；50年代，10年；70年代，5年；80年代，3年；90年代更快。与此相联系，知识更新不断加快，18世纪为80~90年；19世纪末20世纪初为30年，近半个世纪以来为5~10年。"③从科学发展到技术发明，在20世纪和以前大约需要30年，从20世纪初到20世纪中叶大致为10年，到20世纪下半叶缩短到5年左右。

---

① 摘自《闽西日报》，2002-09-15。
② 宋健：《制造业与现代化》，载《人民日报》，2002-09-26。
③ 任仲平：《大力提高全民族的科学文化素质——论科学知识、科学思想、科学方法和科学精神》，载《人民日报》，2000-07-26。

（2）个体智力的发展

智力的发展有继承性。每个人来到世间，一方面他从父母那里得到一个发达的大脑，另一方面他来到的社会沉淀着丰富的智力资源。个体的智力发展加快了。首先，在幼儿时期，在家庭及幼儿园中，个体的智力发展经历着同人类种系智力发展相似的历史，只是时间大大地缩短了。其次，面对一个丰富的社会智力资源，个人的智力发展，有着十分广阔的前景和机遇。如果说，两千多年前孔子时代，五经代表了我国春秋以前知识的一切领域，而今全国有 2000 多所大学，为莘莘学子提供了多样的智力发展机遇。最后，个人的智力发展，越来越需要依靠教育，良好的教育应使青少年的智力得到充分的、最佳的发展。

2. 差异性

智力发展存在差异性，表现在许多方面，我们在第七章中讲到个人能力在学习质量、学习效率上的差异，就是智力差异的表现。下面从思维、语言方面说明这种差异。

（1）思维方面

比如，有的人不爱思考，人云亦云；有的人喜欢动脑筋，遇事爱问为什么，刨根问底。有的人思路窄，想得浅；有的人思路开阔，想得也深，善于抓住事物的本质。有的人思维迟缓，优柔寡断；有的人思维敏捷，快速果断。有的人墨守成规，按老规矩办事；有的人敢于突破常规，另辟蹊径，开拓创新。有的人想象贫乏，表象模糊；有的人想象丰富，表象清晰，富于创新。

（2）语言方面

有的人语言干瘪，枯燥乏味；有的人语言流畅，生动形象；有的人语言有条理，逻辑性强，如此等等。

20 世纪，许多心理学家通过智力量表，用测量得到的分数（智商）来表示智力的差异。例如，美国心理学家推孟等人对年龄为 2～18 岁的 2904 名儿童进行智力测验，其智商分布级别如表 2-2 所示。

表 2-2　智商分布级别表①

智商	级别	占总人数的比例(单位:%)
139 以上	非常优秀	1
120~139	优秀	11
110~119	中上	18
90~109	中智	46
80~89	中下	15
70~79	临界	6
70 以下	智力迟钝	3

智力个体差异的原因是复杂的，我们从遗传、环境和教育三方面进行分析。

第一，人脑的神经结构存在差异。

我们先从脑神经结构上粗略地了解一下思维与活动的关系。人脑中一个神经元（细胞）有许多分叉，被称为树突，与其他神经元的接触点被称为突触。一个神经元和周围神经元这种突触点约有 1000 个。大脑约有 1000 亿个神经元，可产生约 $10^{11} \times 10^{3} = 10^{14}$ 个联系。

婴儿出生时，脑细胞之间没有联系，一切联系都是后天通过活动建立起来的。例如，儿童对红苹果有如下感知：

①视觉。某些视觉细胞（神经元）对红色刺激产生反应，某些细胞（神经元）对形状（圆形）产生反应。

②听觉。当视觉产生的同时听到母亲说"苹果"的声音，听觉细胞产生反应。

③触觉。用手去摸，比较硬、光滑，相关一些触觉细胞产生特异反应。

④味觉。吃时，有酸、甜味，味觉某些神经细胞产生特异反应。

⑤嗅觉。用鼻子去闻，有一种苹果香，嗅觉神经有些细胞产生反应。

这些神经细胞在大脑不同部位被激活后，通过突触联系起来，产生电脉冲，整合为知觉，即对这个苹果的知觉。例如，要说出"苹果"两字，大脑中一些神经细胞被激活，才能下指令，促使喉咙、舌头一系列肌肉活动起来，说出"苹果"。可见一个儿童看见苹果，并且说出"苹果"，应该有许多神经细胞参与活动。所以对

---

① 姜晓辉：《智力全书》，121 页，北京，中国城市出版社，1997。

苹果的认识，是一个大脑特定神经网络的构建，是神经元间的一个时空结构模式。这个模式就是大脑对苹果认识的表征，也可以说是一个密码。苹果的品种、颜色、大小、形状不同，它的"密码"也不尽相同。

总之，婴儿刚出生时，大脑神经元之间是没有联系的，婴儿的种种活动，如哭、笑、说、看、摸、爬、走等，都是一点点地建立这种神经模式。这种大脑神经模式，在脑中可以表示一个物体、一个动作或一个抽象的活动、概念。

既然从理论上说，大脑可以产生约 100 万亿种联系，可以想象，这种由后天活动建立起来的大脑联系模式，是多么复杂和多样，人与人之间这种复杂的大脑神经结构，怎能是一样的呢？即使是一对孪生兄弟(姐妹)，在一个家庭生活、在一所学校学习，他们的一举一动也不是一样的。因此，我们有理由认为(假设)神经元之间的这种结构模式、神经回路，是存在个体差异的，这就是个体智力差异在神经生理上的依据。

第二，环境(社会、家庭)存在差异。

前面讲到，人的智力随着社会的发展而发展，换句话说，人的智力受社会、家庭的经济、文化的制约。我国目前城市与农村、东部与西部经济发展不平衡，教育的发展也有快有慢。

由于家庭经济收入高低的悬殊，影响儿童智力的情况，在西方发达国家中表现得仍然很突出。根据美国的调查，有人发现低阶层儿童的智商平均为 90，而中阶层为 111。① 美国有份统计材料：首先，全国智障者中有 3/4 生活在隔离的都市贫民窟；其次，农村或城市低收入家庭孩子被诊断为智障者的比高收入家庭孩子高 15 倍；再次，低收入家庭孩子入学前没有受过系统的学习所需的教育，他们在语言和读、写、算所需的抽象思维能力方面表现迟钝；最后，市区低收入区学校的学生成绩比同年龄同学的国家标准落后 6 个月到 3 年。②

第三，教育存在差异。

学校教育是儿童智力发展的主阵地。先进的教改经验表明，深化教育改革，改进教材、教法，不断提高教师素质，将会使儿童潜在的智力得到充分的开发。举例

---

① 姜晓辉：《智力全书》，253 页，北京，中国城市出版社，1997。
② 姜晓辉：《智力全书》，253 页，北京，中国城市出版社，1997。

如下。

首先，布卢姆的掌握性学习。人们普遍认为，学生学习成绩正如前面智商测验的结果，呈正态分布。其实，这个结果是人为的。"学校通常从这样的假设出发：存在着一种适用于所有学生的标准课堂情境。……人们期望每个教师按照与其他教师大致相同的方式讲授学科。使用的教科书详细规定了为每个班级所提供的教学材料，从而进一步强调了标准化。"[1]简单地说，这个结果是由班级教学这种特定的教学方式得出来的。如果把教育观念改变一下，"如果教学与时间适应每个学生的需要的话，成绩分布将是很偏态的：大多数分数将集中在成绩测量的高分一端"[2]。其结果是呈偏态分布而不是呈正态分布了。布卢姆在"学校进行的掌握性学习研究的典型发现是：实验班中大约80%的学生达到了与常规群体教学班级中最好的约20%学生同样的期末成绩水平……一般说来，实验班的学生所需的时间比控制班学生多10%~15%——然而，额外的时间与帮助只用于需要它们的学生"[3]。

其次，小学数学是一门比较难学的课，20世纪七八十年代北京市朝阳区实验小学的马芯兰老师在一所普通小学进行了两轮改革实验，在没有增加学习负担的情况下，通过改革，两轮实验分别缩短了两年的学习时间；在学习结束时，该区小学升初中数学考试试卷测试，平均分数分别达到93分与94分。

我国有许多优秀教师，在不同学科做出了优异的成绩。人们经常看到这种情况：某个或某班学生，在甲老师所在的班上不爱学习，成绩下降，当升到新的年级，换为乙老师时，学生变得爱学习，学习成绩也上去了。

3. 动态性

思维及其与技能、能力、知识的联系与转化，都是在活动中进行的，是动态的。不活动，则一切都是停滞的。思维的发展在于经常的思考，不用则退。人们学习一种语言，如方言、外语，即使达到了很熟练的程度，长久不用也会生疏、遗忘，这就是为什么声乐家的嗓子、表演家的技艺都要天天练习。

---

① ［美］B. S. 布卢姆：《教育评价》，邱渊、王钢、夏孝川等译，77页，上海，华东师范大学出版社，1987。

② ［美］B. S. 布卢姆：《教育评价》，邱渊、王钢、夏孝川等译，86页，上海，华东师范大学出版社，1987。

③ ［美］B. S. 布卢姆：《教育评价》，邱渊、王钢、夏孝川等译，94页，上海，华东师范大学出版社，1987。

神经细胞在不断变化，它们不断地同'邻居'建立新的联系，同时取消旧的联系。这种现象很可能是人在学习过程中的神经基础之一。如果一些神经细胞习惯于一起活动，那么，它们的联系就会得到加强，一个神经细胞就会带动另一个神经细胞。

第三节　体育与思维

一、体育运动中思维的脑科学依据

长期以来，人们研究体育运动，很少或没有谈及思维，好像体育运动是不用思维的。对于体育运动中是否存在思维，人们的认识是不一致的。其实，运动技术的千变万化、灵活多样、变化迅速等特征，是人的思维活动的一个重要体现。人们之所以忽视体育运动中的思维，是由于对思维的认识囿于抽象思维的理解。我们知道，抽象思维是用概念、语言来思维的，自然无法解释体育运动技术的思维问题。如果我们更新观念，换一个角度来思考，用形象思维来研究体育，用运动表象的加工来研究体育运动问题，情况就完全不一样了。脑科学的研究，为体育运动中表象与思维(形象思维)提供了科学依据。

脑科学研究表明，表象具有一种基本属性，即"表象与同类通道的知觉、记忆以及均匀的运动控制等这些较基本的过程有着共同的机制"[1]。由于有共同的脑机制，人们在头脑中产生模拟表象的运动加工和真实的运动客体的加工是一致的。例如，德塞蒂(Decety)等研究者发现被试想象自己正在书写字母以及被试确实在书写字母时，其前额叶皮层、运动皮层和部分小脑都被激活了。[2]我们还可以做这样一

---

[1]　[美]M. S. Gazzaniga：《认知神经科学》，王甦、朱滢、沈政等译、校、审，644页，上海，上海教育出版社，1998。

[2]　[美]M. S. Gazzaniga：《认知神经科学》，王甦、朱滢、沈政等译、校、审，730页，上海，上海教育出版社，1998。

个小实验：当实验者手拿细线的一端，细线的另一端悬一小球，同时想象小球做圆周运动时，小球就会真的沿着圆周做微小的运动，如图 2-3 所示。

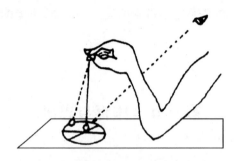

图 2-3 模拟小球的运动加工实验

在体育运动中，运动表象不断地转换、加工、调整、校正。关于运动表象加工的作用，脑科学家科斯莱恩认为："表象在知觉中起到一种整合性的作用，它不仅有助于人们识别客体(无论是静止的，还是运动的)，也使人们能预测事件的结果。"①可见，人脑通过对表象的加工，掌握了事物的本质特征和事物间规律性的联系，并能预测事物的未来，这正是一种典型的思维活动。

二、运动员的特殊感觉是一种形象思维

(一)观察与思维

体育运动是一种实践性的活动，观察具有十分重要的意义。人们在体育活动中，通过观察获得种种信息，其中有视觉的、听觉的、触觉的、动觉的，等等。而且，一切观察活动都是可感的。视觉的可感性是事物在头脑中的映象；听觉的可感性是声音在头脑中的音响(音高、音色等)；触觉的可感性是人接触物体的感觉，如松软、坚硬、冷暖、震颤等；动觉的可感性是人在活动时，体内肌肉、肌腱、韧带、关节等产生的体验。观察活动的多样性、可感性和丰富性，为人类的思维创造

---

① [美]M. S. Gazzaniga：《认知神经科学》，王甦、朱滢、沈政等译、校、审，731 页，上海，上海教育出版社，1998。

了条件。

观察有感性认识和理性认识之分。一般情况下，人们初次的观察或表面的观察，只能看到事物的现象，获得对事物表面的、非本质的认识，这时，它只是一种感知觉，属于感性认识。而当人们有计划、有目的深入地观察，抓住了事物的本质特征和事物间的规律性联系时，观察就上升到理性认识了，这是一种思维(形象思维)活动。观察活动从感性认识上升到理性认识，有两个方面的特点。

第一，可感性。不仅观察的感性认识阶段的感知觉具有可感性，而且当观察上升为理性认识时，也同样有可感性。这是因为表象和感知觉有共同的脑机制的缘故。

第二，质的飞跃。观察从感性认识到理性认识的过程，是表象的积累和加工由量变到质变的过程，当表象的加工抓住了事物的基本特征、本质时，观察产生了质的变化，即认识的飞跃。我们培养观察能力，就是要通过观察抓住事物的本质，使观察上升到理性认识。

观察中由量变到质变是普遍存在、多种多样的，有简单的，也有复杂的。例如，认人、识字是简单的，经过几次观察(练习)，就能抓住他(它)的基本特征。而人对地球与太阳关系的认识，在漫长的岁月中，观察都一直停留在感性认识上，认为太阳绕地球转动，即地心说，到了 16 世纪，哥白尼经过 20 多次的科学观测，认识产生了飞跃，得到了科学的结论，即日心说。这个质的变化，是复杂的，也是极深刻的。

(二)体育运动中的观察与思维

体育运动的特点是多种感官参与活动，因此，体育训练就要学会观察，培养多种感官观察的敏感性。

1. 充分体验、感受有关感官的感觉

体育活动与通常的阅读、听讲不同，人们阅读时用视觉，听讲时用听觉，而体育运动既有视觉、听觉，又有触觉、动觉、触视觉等，因此，体育运动的训练，既要用眼睛去看教师的示范动作，用耳朵去听教师的讲解，还要用触觉、动觉等去感受、体验体育练习中有关感官产生的感觉。

2. 用练习中感官产生感觉的反馈信息，纠正运动中的错误

通常人们习惯用视觉获得的信息来纠正活动中的错误。例如，学生练习写字，每写完一个字，都通过视觉把它同目标进行对照，获得反馈信息，知道所写的字，哪里写对了，哪里是错的。经过几次练习，就可以纠正错误，达到正确的目标。然而，体育训练则不同，许多运动技术，如体操的滚翻运动、跳水的转体和翻滚动作、水中的游泳活动，不能只依靠眼睛的视觉，还要借助其他感官的感知觉，在训练中获取正确或错误动作的信息，通过反复练习，不断纠正错误动作，才能完善技术动作。

由此可见，运动员在体育运动中，都要产生一定的感觉，对这种感觉的体验，是他在进行该项运动时观察的产物。通常说运动员具有时间感或空间感，如节奏感、水感、球感等，这些感知觉已不是一般的感性认识，而是指运动员已正确掌握该项运动本质特征时的一种特殊感觉，是上升到理性认识的感觉。无疑，这种运动员的特殊感觉，就是运动中形象思维的体现，是运动技能(能力)形成的具体体现。

(三)体育运动中的形象思维

1. 视觉思维

视觉在体育中的作用是明显的。例如，一个人向着一个目标走去，这是一项简单的运动。即便如此，在行进中，他要运用视知觉的不断反馈来纠正走中可能出现的运动错误，每一次反馈都是对接近目标的纠正。头脑中表象的不断校正活动，就是思维。有实验表明："当被试接近某一目标时，如果目标在整个接近过程中都能看见，那么被试接近目标的准确性要比被试开始向目标接近后不久目标就移动的情况高三倍。"①

2. 动觉思维

1952 年，意大利体育家劳埃德·伯西瓦尔做了一个"篮球盲投实验"。他选了两组大学生篮球运动员(投篮成绩都是投 50 个，进 20～21 个)，进行每次 20 分钟

---

① [美]M. S. Gazzaniga：《认知神经科学》，王甦、朱滢、沈政等译、校、审，731 页，上海，上海教育出版社，1998。

的定点投篮实验。第一组用传统的方法；第二组先用 5 分钟睁眼投篮，10 分钟盲投篮，再用 5 分钟睁眼投篮。4 周后，第一组投篮成绩为 50 个进 23 个，第二组投篮成绩为 50 个进 39 个，成绩明显超过了第一组，即投球命中率实验组为 78%，对照组为 46%，实验组比对照组高出 32%。①

为什么盲投通常比睁眼投篮获得更好的成绩呢？原来在体育技能的形成过程中，不仅有视觉的参与，还有触觉、身体感觉的参与。运动员的技术训练开始是依据头脑中示范动作表象来进行的，这时主要用视觉思维。在练习进行中，肢体的肌肉、骨骼、关节产生动觉感（表象）。经过多次练习，当运动员找到正确动作的肢体感觉以后，他便可以依据这种动觉感纠正练习中多余或错误的动作，使技术达到完善的地步。在上述实验中，中间 10 分钟闭眼投篮，这时视觉刺激被迫停止，使投篮时肢体的肌肉、骨骼、关节的动觉感凸显出来，根据辅助人员的提示，运动员逐步找到正确技术的动觉感，从而不断提高自己的投篮技术。

3. 视觉、触觉双通道神经元的思维

关于运动员某些特殊感知觉，我们还要做进一步的研究。例如，游泳运动员的水感，仅仅是触觉感吗？运动员如何判断水中的距离和方向？足球运动员在传球时，眼睛的扫视一般指向前方，他又如何评估脚和球的距离、方向？用头顶球时，球与头的距离又是如何做出评估的？脑科学的双通道视触神经元的研究，对此做出了合理的解释。

脑科学的实验表明，人脑中存在一种细胞（神经元）对视觉和触觉刺激都做出反应，称为双通道视触细胞。该细胞位于前额叶 6 区下部，顶叶的 7b 区和壳核。"我们对 354 个壳核神经元进行了研究，其中 40% 是躯体感觉的，12% 是视觉的，24% 是双通道的，23% 是不做反应的。"②

加扎尼加对上述研究做了进一步阐释：这种双通道视触神经细胞，可以对个体外部视觉空间进行编码（群编码理论认为，神经元间的并列式群编码是认知活动的神经基础。大脑通过群编码产生物体的表象，再经过表象的加工进行识别和预测），能对个体外部周围空间的距离、方向进行评估。脑科学的这项研究，提出视

---

① 张伯琥：《思维·技能与体育教学》，163 页，北京，北京科学技术出版社，2004。

② ［美］M. S. Gazzaniga：《认知神经科学》，王甦、朱滢、沈政等译、校、审，711 页，上海，上海教育出版社，1998。

觉的一个新概念，即通常人们是以视网膜为中心的坐标对扫视目标的位置进行编码，而双通道视触神经元的存在，人有了第二视觉，可以对以身体的某部位为中心的刺激进行编码。

据此观点，触觉感受野在面部的双通道细胞对与头部有关的刺激位置进行编码，触觉感受野在手臂的双通道细胞则对与手臂有关的刺激的位置进行编码，触觉感受野在胸部的双通道细胞则对与躯干有关的刺激的位置进行编码。①

可见，游泳运动员的水感，不单纯是触觉，同时有双通道细胞的作用；足球运动员用头顶球，是运用面部双通道细胞对球与头部之间的距离进行评估的结果。

三、运动技能形成中的思维

运动技能的形成是很有特色的。体育运动技能与阅读、听讲或书写的技能不同，后者主要运用一种感觉的表象（视觉或听觉）进行思维。而体育运动技能的形成却是多种感觉及其表象的整合的思维过程，是多种形象思维综合的过程。

运动技能的形成，一般分为以下三个阶段。

一是初始阶段——视觉表象的形成。

学习的起始阶段，学生要认真观察（看）教师的示范动作或多媒体的动作示范图像。了解运动中身体有关部位的动作及运动的顺序、方向、速度、力度等。通过多次观察，从整体到局部再到细节，表象由模糊到清晰，抓住运动的主要特征，形成正确动作的视觉表象，这是视觉的形象思维过程。

二是练习阶段——视觉、动觉表象的整合。

在练习阶段，就要根据头脑中运动的视觉表象（动态的表象系列），通过身体运动把它表达出来。这种动作的表达，不可能一步到位，需要经过多次反复的练习。在练习的初期，学生的动作常常出错，练习者要细心体验躯体的不同感觉，其中有对正确动作的感受，也有对错误动作的体验。在一次次练习的感觉反馈中，不断纠正错误的、多余的动作，使动觉感（表象）和目标的视觉表象一致起来，使动

---

① ［美］M. S. Gazzaniga：《认知神经科学》，王甦、朱滢、沈政等译、校、审，731 页，上海，上海教育出版社，1998。

作趋于完善。

例如，在打乒乓球时，运动员的眼睛要盯着对方发来的灵活多变的球，又要感觉手握球拍接球时手、手臂以及身体的感觉（动觉），其中有接好球的感受，也有接球失误时的感觉。经过成千上万次的练习，对于各种各样的球路，运动员把眼中的球路和对打好球的感受一致起来了，这时运动员就可以凭感觉打球了。这种感觉就是打乒乓球的特殊感觉。

三是运动技能的形成。

通过反复的练习和校正，使动作视觉表象与动觉表象的结合达到一致，形成视觉和动觉综合表象，也就是运动表象，这时运动技能已经形成。可见，运动技能形成的过程，是多种感知觉（视觉、动觉、触觉等）不断综合的思维过程。

四、体育运动的直觉思维

体育运动技能形成以后，技能成为一种内隐记忆，这时运动员不需要有意识地回忆，就可把运动技术的动作准确地做出来。例如，骑自行车，开始练习时，怎样上车，踩踏板，扶车把，需要思维集中，小心谨慎地练习着。等到熟练后，顺手把车推来，自由自在地骑车，思维已成为内隐的了。

运动技能是通过对特定感觉通道获得的感觉信息进行加工而形成的。反复的训练，积累了丰富的感知觉经验（表象），而具有一种识别、判断的观察力。熟练掌握乒乓球技术的运动员，他的视觉能即时判断对方来球的特点、球路；熟练的汽车驾驶员根据空间的变化和躯体的感觉（动觉），判断车的速度；游泳运动员能根据水感，调整自己动作的方向、速度和力度；运动裁判员在瞬息万变的激烈比赛中，能迅速准确地发现双方的发挥是否符合技术规定，是否在规则允许的范围内。这种在丰富积累的基础上，运用特定感觉通道的观察力，是一种思维能力，即体育运动的直觉思维。由于体育运动动感强、速度快、体位变化复杂的特点，这种直觉思维在体育运动中发挥着十分重要的作用。

第四节　审美与思维

审美是一种特殊的认识活动。我们说审美是一种认识活动，是因为它具有一般的认识功能，能够揭示客观事物的本质；之所以认为这种认识活动有其特殊性，是因为它要遵循美的规律和规则。一切认识活动都离不开思维，并且以思维为基础。那么审美是什么思维呢？我们认为主要是形象思维。形象思维是以事物在头脑中的表征（表象）作为思维材料的一种思维。所以，审美作为一种特殊的认识活动，是按照美的规律、规则进行的形象思维。历史上，审美问题往往局限在抽象思维的范畴内，许多问题是难以说清楚的。

下面，我们从关于美的规律、审美与形象思维和审美情感三方面，来探讨审美的思维问题。

一、美的规律

什么是美的规律？马克思在讲到人的生产与动物的区别时，谈到美的规律。他说："动物只是按照它所属的那个种的尺度和需要来构造，而人却懂得按照任何一个种的尺度来进行生产，并且懂得处处都把固有的尺度运用于对象；因此，人也按照美的规律来构造。"[①]

美的规律是客观存在的。在上述论述中，"尺度"相当于"标准"、"规则"或"本质"。在这里，马克思把美的规律与事物的内在本质联系在一起，而这种内在本质，必须直接表现在外表现象上，通过一定的形象显示出来，才有可能成为美的事物。

美感起源于生产劳动，通过生产劳动，一方面满足人们日益提高的物质上的需

① 《马克思恩格斯选集》第一卷，中共中央马克思恩格斯列宁斯大林著作编译局编译，57 页，北京，人民出版社，2012。

要，另一方面在生产实践过程中，也就是马克思所说的"自然的人化"中，也满足人的精神上的需要，即人类在生产中获得成果的喜悦，从中看到自己力量的喜悦。原始的舞蹈大都在收获或战斗胜利后，用耕种、狩猎或战斗中的动作来表达喜悦之情。原始的绘画(如岩画)所画的内容大半是打猎情景及猎物。

人类对美的规律的认识，随着生产劳动的发展而逐步深入。在漫长的历史进程中，这种原始的审美感，经过人的概括、总结，把生产实践中所发生的种种有美感的东西，如节奏、和谐、对称、平衡等抽象美的形式流传下来，超越原先实用的目的，成为一般审美对象。艺术是用形象来显示美的，对不同种类审美对象的反应，产生不同类型的艺术作品，如建筑、绘画、音乐、雕塑、文学或戏剧等，它们都有其自身审美的规则和特点。

建筑的审美特点，"主要是在其特殊的物质材料和技术的基础上建立的形体构造所体现的造型的美。这种建筑美，不是直接地模仿和再现自然或人自身，而是偏重于概括性地反映一定时代、一定社会的精神面貌、情趣、理想的形式美"①。

如前面所说，绘画的审美特点，是一种独特的视觉思维。它运用线条、色彩、形体，反映现实美的本质，表达人的审美感受。

音乐，是一种特殊的听觉思维方式，它运用音高、节奏、旋律、音色、和声等音乐要素，表达人对美的本质的领悟和情感体验。

二、审美与形象思维

(一)形象思维与审美特点

朱光潜先生在《美感问题》一文中，对于审美能力问题，提出几个待继续研究的问题，其中关于审美的认识问题有：

它完全是感性活动呢？还是也包括理性活动呢？感性活动和理性活动是否可以在同一阶段里进行呢？如果能，这种结合究竟取什么方式？如果不能，它们是否有先后的关系？如何理解这种关系？再就感性来说，是单纯的感觉在起作用，还是也

---

① 王朝闻：《美学概论》，253页，北京，人民出版社，1993。

牵涉到创造的想象？①

下面，我们用形象思维对这些问题做初步的研究。

观察是一种基本的认识活动，有感性认识和理性认识之分。审美是按照美的规律和特点进行的一种观察活动，审美也有感性认识和理性认识之分。我们在日常生活中观察事物，有感性的现象，也有反映事物本质的东西。这些并不都是审美。只有运用美的规律，抓住那些表现事物本质的外在生动具体、有感情色彩的东西，才是审美。正如法国雕塑家奥古斯特·罗丹所说，"所谓大师，就是这样的人：他们用自己的眼睛去看别人见过的东西，在别人司空见惯的东西上能够发现出美来。"②

人们对不同审美对象、不同种类艺术作品的审美认识（欣赏），对美的规律和特点的掌握，存在一个由不知或知之不多到知的过程，都有一个由量变到质变的过程。在认识过程中，既有形象思维又有抽象思维。抽象思维运用抽象的方法，剥去那些表面的、具体的、非本质的东西，抽取那些普遍的、必然的、本质的东西，通过概括形成概念。审美活动的形象思维也有概括性，但不同于抽象思维的概括性，它把能表现本质的、具体的、生动的、可感的东西集中起来，使之更鲜明、突出和典型化，而没有概念的形成。审美活动在理性阶段的思维是用形象材料、典型（表象）思维在大脑中不断涌现形象，一刻也离不开形象，整个思维过程是形象的。所以，审美的思维活动，可以从以下两个方面做进一步阐述。

1. 思维是感觉和记忆的综合

人们在深入观察时，总是把现在的观察（感知）和过去多次观察获得的表象（记忆）联系起来，经过去粗取精、去伪存真、由此及彼、由表及里的加工，才能抓住事物的本质。在思维过程中，表象在感觉中起到一种整合性的作用，既抓住事物的本质，又保持了感觉的具体、生动和可感性。"表象不仅连接了知觉与记忆，也是连接知觉和运动控制之间的桥梁。"③

在审美思维活动是把现在的知觉和过去的审美经验（表象）相结合，进行补充、修改和概括的结果。"其中有直接的感知，如对自然景物的审美，也有间接的感

① 朱光潜：《朱光潜选集》，264页，天津，天津人民出版社，1993。
② 十四院校编写组：《文学理论基础》，220页，上海，上海文艺出版社，1981。
③ ［美］M. S. Gazzaniga：《认知神经科学》，王甦、朱滢、沈政等译、校、审，727页，上海，上海教育出版社，1998。

知，如对艺术作品的鉴赏。一幅好的绘画作品，其妙处乃在似与不似之间。这个'不似'之处，就是有待欣赏者用自己产生的表象去填补它，使之成为最佳、最美的东西。一幅由简单线条勾画出来的名人像，为什么看起来很像呢？就是由于观看者用记忆最佳匹配去充实它的缘故。朦胧月光下的景物，使人感到景色格外秀美，就是由于欣赏者把他最好的回忆输入对现实景物的知觉中。"①

2. 审美直觉的特点

人们在审美活动中常常有这样的经历，当你登到顶峰，一眼看到峰峦叠嶂的山的海洋时，当你欣赏一首名曲、一幅名画时，你立即被艺术作品的魅力所吸引，心灵为之一震，情感瞬间被激发出来，这就是一种审美直觉。

什么是直觉？当人们对某种事物深入地进行观察，获得多次极为丰富的积累（表象）时，认识上能产生一种飞跃，在一种新的变化了的情境中再次观察时，能即时做出判断，这就是直觉。所以，直觉是一种观察能力，是一种对事物的认识、判断的思维能力。审美直觉就是一种以美的规律为依据的，对自然美、社会美、艺术美即时做出判断、评价的思维能力。审美直觉有以下几个特点。

（1）即时性

产生审美直觉要有一个前提，对同种审美对象，要有丰富的表象积累和情感积淀，这种表象积累，经过思维加工，能够抓住事物的基本特征和本质属性。我们知道，对表象的加工主要是右脑的功能，与左脑的功能不同。"左脑倾向于以顺序的、一次一步的方式进行思维，而右脑则倾向于平行思维。"②当一个人对某种事物具有大量的表象积累后，对于一个新的信息，其右脑能同时处理大量的相关信息，即时对这一信息做出判断与评价。这就是审美直觉的即时性。

（2）直感性

审美直觉是和直接感知联系着的，是现在的感知和过去的经验的综合，所以具有直感性。这种直感性不仅来自直接的感知（有视觉的、听觉的、触觉的、动觉的等），而且也唤起过去经验中情感的积累。积累越多，审美直感性越强。

---

① 温寒江、陈爱苾：《让青少年智力得到最佳发展——两种思维的智力基本理论》，129 页，北京，北京科学技术出版社，2006。

② ［美］托马斯·R. 布莱克斯利：《右脑的奥秘与人的创造力》，董奇、杨滨译，140 页，北京，国际文化出版公司，1988。

（3）非语言性

审美直觉不能用语言来解释其过程。直觉要有对所研究事物丰富的表象积累和加工，这种表象加工有的是有意识的，表象加工过程有语言、抽象思维的参与，表象和经验是结合在一起的；而更多的是无意识的，我们这里所说的无意识，并非是指真的无意识，只是在表象加工过程中没有语言参与，因此不能用语言来描述它的过程，审美直觉则属于这一种。

（二）审美的一般思维方法

1. 联想

客观事物的普遍联系，是唯物辩证法的基本范畴。联想是事物的普遍联系在人脑中的一种反映，是人们常用的一种思维方法。凡是两种观念联系在一起时，都用联想，如"这朵花是红的""张三是工人""李四是一个聪明的孩子"等。联想也是审美活动常用的思维方法，一般分为以下三种。

（1）接近联想

接近联想是甲乙两事物在空间或时间上的接近，审美时，人们常常容易把它们联系在一起，并产生一种情感体验。例如，古诗"白日依山尽，黄河入海流。欲穷千里目，更上一层楼"（王之涣），作者登鹳雀楼，放眼眺望，白日、黄河、群山尽收眼底。诗的前两句，由日落联想到黄河流入大海，后两句由景生情，抒发高瞻远瞩、意气风发的情怀。又如诗句"稻花香里说丰年，听取蛙声一片"（辛弃疾），作者描绘夏夜幽美的景色，在一个时间里，把稻花香（嗅觉）和蛙声（听觉）联系在一起，抒发了作者对农村丰收在望的喜悦心情。

（2）类似联想

类似联想是由于对一件事的感受所引发和该事物在形态上或性质上相似的事物的一种审美思维方法。这种思维方法起源于客观事物现象的相似性，是比接近联想更为普遍的审美思维方法。例如，人们常用红色象征革命，因为红是火和血的颜色，火和血又是热的，令人感受到一种革命的激情；常用绿色象征安适、安全，因为绿色是禾苗、草木的颜色，令人想起乡村安适的田园生活。

文学作品中比喻、象征、拟人、摹物的手法，就是类似联想的方法。

例如，语文课本中，描写桂林山水的奇、秀、险：

桂林的山真奇啊，一座座拔地而起，各不相连，像老人，像巨象，像骆驼，奇峰罗列，形态万千；桂林的山真秀啊，像翠绿的屏障，像新生的竹笋，色彩明丽，倒映水中；桂林的山真险啊，危峰兀立，怪石嶙峋，好像一不小心就会栽倒下来。

这是形象上(视觉)的类似联想。

在白居易的《琵琶行》中：

大弦嘈嘈如急雨，小弦切切如私语。嘈嘈切切错杂弹，大珠小珠落玉盘。间关莺语花底滑，幽咽泉流冰下难。

这段名句描写的是音乐(听觉)所唤起的联想。

在袁枚的《遣兴》中：

爱好由来落笔难，一诗千改始心安。阿婆还似初笄女，头未梳成不许看。

诗中，前两句写出了写作的甘苦，后两句用阿婆梳妆做比喻，是何等生动、美妙！这就是性质上的类似联想。

(3)对比联想

对比联想是由一种事物(表象)联想到相反事物，是一种逆向的思维方法，如由光明想到黑暗、由善良想到罪恶、由东想到西等。这种对立的、相反的事物、现象，在审美中可以凸显或反衬事物的性质。

在刘禹锡的《竹枝词》中：

杨柳青青江水平，闻郎江上唱歌声。东边日出西边雨，道是无晴却有晴。

诗中用日出和雨，无晴与有晴，暗喻一个乡村姑娘爱恋着一个男青年，在听到他的歌声时乍疑乍喜的复杂心情。

审美联想开拓人们的思路，加深人们的认识，丰富人们的情感。把人们不熟悉的、未知的东西，同自己熟悉的、已知的东西联系起来。例如，前面举例，人们虽然没有到过桂林，通过联想却能领略到桂林山水的"奇、秀、险"；人们未曾到过鹳雀楼，却可以和作者一起共享登高远望、意气风发的思想境界。

2. 想象

想象是人们在头脑中对表象加工改造产生新的表象的思维方法，想象过程常常综合了分解、组合、类比、概括和联想等多种思维方法，是形象思维方法的综合运用。想象是一切创造性活动的重要因素。

在审美活动中，无论是创造美还是鉴赏美，想象都起着关键的作用。审美活动作为认识活动，是本质与现象的统一，是一般与个别的统一。本质如果不表现为鲜明的、特质的现象，一般性如果不表现为具体的、典型的个性，则不能称为美。无论是具体细节的描写或典型形象的塑造，想象都起着主要作用。

生活细节很广泛，人物的形象、一句话、一个动作、一个手势的艺术描写，不同人物的语言、动作、手势的模仿，而这些人物特征要与其性格、习惯、嗜好等相一致。这就要靠作者深厚的生活积累和丰富的想象力。

英国诗人拜伦曾说：

即使画家画了一座名城，或名山以及其他自然风景，他也一定运用取景、光、影距离等手法加强原来风景的美点，掩饰它的缺点……他所画的天空并非自然天空的画像，它是由很多不同的天空所组成的（这些天空是画家在不同的时候观察到的），而不是任何一天的全盘模仿。为何如此呢？因为自然对自己的美并不是很慷慨的。它散见于很广阔的时间内，偶尔显露，必须细心选择，注意收集。①

因此，把丰富的生活体验和积累，通过取舍、提炼，塑造成比生活更鲜明、更生动、更集中的形象——典型，也要依靠想象。这里需要对人物进行深入细致的观察，对人物各种表现的分析与综合，通过丰富的想象力，把这一切综合成一个能充分显示对象个性和本质的艺术形象。

以上我们阐述了想象在创造美中的作用，这是一种创造想象。而鉴赏美是欣赏者（读者）用美的规律对特定对象（艺术品）的再认识过程，把作品的艺术形象"再创造"为自己头脑中的艺术想象，所以是一种再造想象。具体地说，作者把丰富的生活体验，经过艺术创造的加工，提炼为一篇小说、一首诗、一幅画、一曲歌等。欣赏作品时，作品的艺术形象，唤醒欣赏者（读者）头脑中相同的思维活动和对相似的生活经验的体会，进而感悟理解了作者的思想感情，与作者产生共鸣，即感知—联想、想象—感受、体验—理解。这个过程正如叶圣陶所说：

文章是无形的东西，只是白纸上的黑字，我们读了这白纸上的黑字，所以会感到悲欢，觉得人物如画者，全是想象的结果。作者把经验或想象所得的具体的事物

---

① ［英］乔治·戈登·拜伦：《致约翰·墨雷先生函》，见《古典文艺理论译丛》卷一，115~122 页，北京，人民文学出版社，1961。

翻译成白纸上的黑字，我们读者却要倒翻过去，把白纸上的黑字再依旧翻译为具体的事物。这工作完全要靠想象来帮助。譬如说吧，"山高月小，水落石出"是好句子，但这八个字之所以好，并非白纸上写着的这八个字特有好处，乃是它所表托的景色好的缘故。我们读这八个字时，如果同时不在头脑里描出它所表托的景色，就根本不会感到它的好处了。①

可见，艺术欣赏的思维主要是想象，没有想象就没有头脑中的艺术形象，也就无从谈论美了。而想象又是以个人生活经验(表象)为基础的，没有登过高山的人，很难领略到"一览众山小"的情感体验，没有看过海的人，无法体验波涛澎湃的感受。因此，审美教育，要重视学生的生活实践和体验，重视生活经验的积累和加强想象力的培养。

三、审美情感与思维

审美是人们对合乎美的规律、规则的事物和艺术作品的形象思维活动。与一般的思维活动不同，审美的形象思维包括了审美主体对美的事物的评价、态度，带有浓厚的情感因素，即审美感受。审美情感是怎样产生的呢？前面说过，美国心理学家阿诺德认为，情绪与个体对客观事物的评价相联系，情感不是直接对客观世界的反映，而是客观经过主体的评价以后，才产生情感。可见，审美情感是和事物美的形象相联系的，即通常所说的触景生情，情景交融。

因此，审美的思维(形象思维)和艺术的形象思维，是带有情感性的，是一种被情感激发和加强了的思维。这种形象思维往往是非常丰富和强烈的。巴金在谈到《家》的创作时说："书中人物都是我所爱过和我所恨过的。许多场面都是我亲眼见过或者亲身经历过的。我陪着那些可爱的年轻生命欢笑，也陪着他们哀哭。"②

---

① 夏丏尊、叶圣陶：《文心》，37页，北京，中国青年出版社，1983。
② 巴金：《巴金文集》第四卷，479页，北京，人民出版社，1958。

第五节　劳动教育与思维

劳动教育是中国特色社会主义教育制度的重要内容，直接决定社会主义建设者和接班人的劳动精神面貌、劳动价值取向、劳动技能水平。2018 年习近平总书记在全国教育大会上强调要"培养德智体美劳全面发展的社会主义建设者和接班人，加快推进教育现代化、建设教育强国、办好人民满意的教育"，"要在学生中弘扬劳动精神，教育引导学生崇尚劳动、尊重劳动，懂得劳动最光荣、劳动最崇高、劳动最伟大、劳动最美丽的道理，长大后能够辛勤劳动、诚实劳动、创造性劳动。"长期以来，各地区和学校坚持教育与生产劳动相结合，在实践育人方面取得了一定成效。同时也要看到，近年来在一些青少年群体中出现了不珍惜劳动成果、不想劳动、不会劳动的现象，劳动的独特育人价值在一定程度上被忽视，劳动教育正被淡化、弱化。对此，全党全社会必须高度重视，采取有效措施切实加强劳动教育。

一、劳动教育的目的意义

毛泽东同志说，人类的生产活动是最基本的实践活动，是决定其他一切活动的东西。生产劳动是一切财富的源泉，它是整个人类生活的第一基本条件。"人们首先必须吃、喝、住、穿，然后才能从事政治、科学、艺术、宗教等。"人们生活中的一切东西，由石器到宇宙飞船，都是创造性劳动的结果。

(一)劳动创造了语言和能思维的大脑

我们远古的祖先，他们在劳作时，常常要彼此协调、配合，需要共同发力，需要彼此沟通，促使了语言的产生。语言的产生，经历了一个非常慢的时期。当猿人站立起来后，手首先成为彼此沟通的工具，一些简单的意思可以通过手势进行沟通交流。

在漫长的历史进程中，直立人所从事的劳动和制造的工具变得多样化与精细化，对交流的需求也随之多样化，使手势语言变得不够用了，于是手势开始伴有一些天然的、没有训练的语声。经过一个很长时期，这种正在形成的人的口腔发声器官，缓慢地得到改造，使口腔能发出清晰的音节，音调也有了抑扬顿挫；随后的一个很长时期，人们赋予各个音节或组合的音节以一定的意义，这时，语言产生了。

大脑也随着手的变化而变化。当猿人打造一块粗糙的石刀时，他脑中先有一个简单的想象（表象），当他用石块击打野兽时，头脑中对距离有一个粗略的预测。这样的活动一次又一次地进行下去，一代又一代地传下去。于是石刀一代比一代造得精巧，头脑中的表象也一点一点地变得精细起来；用石块击打野兽，一代比一代做得好，头脑中对距离的预测也慢慢地准确起来，就这样在上万年以至几十万年的劳动和制造工具过程中，思维发生了，并且慢慢地发展了。

思维的产生和发展，促进大脑中脑髓的发展。考古学有证据表明，200万年前的猿人脑容量约为700毫升，100万年前的直立人脑容量约为1000毫升，50万年前增加到约1200毫升。

与此同时，人的视觉器官、听觉器官和口腔也随之变化发展了。劳动促进了从猿到人的转变。在这个意义上，劳动不仅创造了财富，劳动也创造了人类本身。

（二）劳动培养了高尚品德

1. 辛勤

要改变大自然，发现大自然的奥秘，人们就要付出心身的努力，劳其筋骨。在田间地头，或在工厂作坊，撸起袖子来干。吃苦耐劳，是中华民族的优良传统。过去生产落后，条件艰苦，需要劳动节俭；今天经济发展了，生活改善了，同样需要勤劳节俭。任何时候都不能丢掉中华民族勤劳节俭的高尚品格。自己的事自己做，主动分担家务，参与劳动实践，热心从事志愿服务。

2. 创新

劳动既有模仿，有反复的劳作，又有创新，而且贵在创新。没有创新，就没有人类的进步，就将永久停留在茹毛饮血的原始生活状态中。在同自然的奋斗中，人们把荒山变为梯田，把沙漠变成绿洲，把天堑变成通途。我们要弘扬"自己动手，丰衣足食"的南泥湾精神，把荒山野岭变成森林的塞罕坝精神，向盐碱地、海水要粮食的袁隆平精神。

3. 诚实

诚实守信是做人做事的道德底线，是道德建设的基础。办老实事，做老实人，说老实话。做事有担当，言行要一致，不说谎，不作弊。营造"守信光荣，失信可耻"的风尚。

4. 精准

为修建青藏铁路获得精确的数据，唐古拉山口气象观测站记录了 50 多年的观测数据，粤港澳大桥，几十吨重的深海沉箱，连接处的误差不超过 1/3 毫米；近百米长的航天发射器的焊接不容有一点瑕疵。这就是生产劳动的精准精神，要有精准细微的工匠精神。

(三)劳动磨炼了人的意志和责任感

劳动操作一般是有难度的。劳动条件差，活动时间长，使人身体疲惫、劳累。通过劳动培养学生不怕苦、累、脏，不怕疲劳，努力克服困难，磨炼自己的意志。使他们通过辛勤劳动，克服困难，完成劳动任务，获得一种成功感、满足感和幸福感。

二、加强中小学的劳动教育

(一)参加各种劳动，在劳动中学会劳动，感受劳动的真谛

第一，日常生活的劳动是最早的劳动形式。从自我服务开始，做一个勤勉爱劳动的小主人。能照顾自己，穿戴整齐合适，注意个人卫生。在家中学着帮助大人，做家务劳动，并感到自己是有一定责任心的家庭成员。

学校里的生活劳动主要有：保持学校教室和全校的整洁，照管室内的植物，轮到自己做值日时，要主动、积极、认真地去做。日复一日，年复一年，养成劳动的习惯。

第二，学校要有生产劳动车间，如机工车间、金工、木工车间，要有农业生产的园地(饲养、种植)。

开展综合实践课，要切实培养学生的劳动技能和动手能力。

（二）教学与生产劳动相结合

第一，学习是一种脑力劳动，各科教学都要培养学生勤奋学习、创造性学习、虚心诚实学习的品格，培养求真、求善、求美的精神。例如，当学生做作业时，如果他认识到这是他应该完成的任务，意识到这是为祖国社会主义建设而学习，从而能认真刻苦地去完成作业。那么，这种长期形成的定力、责任感，就是可贵的品质。

组织学生参加多种多样的课外实践活动，如科技活动、文体活动、模型制作、调查研究等。在实践中动手又动脑，发展思维又磨炼意志。一所中学的地震预报小组，轮到一位八年级学生在星期天值班。他只上午值了班，下午同家人一起外出游玩。在填写值班记录时，上午是按照实际测定的数字填写的，但下午是按自己虚构的数字填写的，这件事被辅导教师发现后，教师对他进行了严肃的批评和耐心的教育，指出他这种不把集体利益放在首位、不坚持实事求是的态度是完全错误的，还帮助他分析这种做法的危害性。这个同学从这件事中吸取教训，认识到今后做事要正确处理集体利益和个人利益的关系。要坚持实事求是的精神，不能弄虚作假。从此，他自觉要求星期天值班。几年如一日，一直坚持到毕业。

第二，结合学科教学，进行工农业生产的基础知识和技能的教育。

小学的综合实践课、科学课，中学的物理、化学、生物等学科，结合有关教学的内容，进行工农业生产的知识、技能的教学。

工业生产方面，如金工、木工、电工、化工的生产知识，照明电路的安装和检修，常用仪表的使用和简单修理，发电机、发动机的知识等。

农业生产方面，如有关土壤、肥料、种子、防虫害等知识，以及蔬果栽培、家禽饲养等。

（三）培养创新精神，进行创造性劳动

"创新是第一动力"，创造性劳动推动着人类从农耕文明、工业文明到信息文明。中华民族的伟大复兴，要靠几代人的创造性劳动去实现，国家发展的日新月异，就是人民创造劳动的结果。人民生活的一粥一饭、一丝一缕，都包含着劳动创造。

学校的综合实践课，要把培养创新精神和创造性劳动放在首位。下面是一所中学和一所小学综合实践课的经验。

北京市第八中学的研究性实践课。

培养目标：

(1)研究性学习的培养目标。获得亲身参与研究探索的体验；培养发现问题和解决问题的能力；培养收集、分析和利用信息的能力；学会分享与合作；培养科学态度和科学道德；培养对社会的责任心和使命感。

(2)课外科技活动的宗旨。帮助学生进入科学环境，通过接触科研第一线，提高学生的科学素养；早期发现和重点培养科技苗子，有利于出人才。

主要措施：

利用研究性学习的课程开展了多项课外活动，如生物克隆技术实验、信息多媒体活动、单片机技术应用研究、业余电台通信、电脑机器人编程、电子制作、汽车模型制作、天文观测等科技活动和学生承担的国家重点实验室青少年学术指导中心组织的课题研究。

	导师	课题名称	课题简介/研究内容	程序	成果
1.	高颖	创建绿色社区、绿色学校，走可持续发展之路	我校地处金融街，位于城市中心区，特殊的地理环境，特殊的周边人文环境，导致了特有的自然环境。城市生态中心若干环境问题，在这里体现得很充分，如何利用生物技术手段解决我们生活环境中的大气污染、光污染，降低环境中各种不良因素对人的健康、生活、工作的影响，使我们的工作、学习真正地站在中心位置。	调查；访谈；实验	调查报告；实验论文；植物成品或幼苗
2.	高颖	叶绿体中光合膜蛋白的结构和功能的研究	主要研究光合膜中各种蛋白质超分子复合体的结构与功能及其调控，探讨它们在光合作用高效吸收、传能和转能中的重要作用，并阐明其分子机理与结构基础。		论文

续表

	导师	课题名称	课题简介/研究内容	程序	成果
3.	高颖	不同生态系统中土壤养分含量的研究	不同生态系统、不同时间、不同季节土壤中各种矿质元素的含量和植物对矿质元素的利用率是不相同的。只有深入了解土壤中各种养分的含量变化才能很好地指导生产，利用先进的科学仪器和现代化的科学方法测定不同生态系统中土壤养分的含量，从而指导人们的生产实践。		

北京朝阳区实验小学，地下室有木工、金工车间和家庭照明电路安装教室、3D打印室。在综合实践课上，每一个学生都可练习操作，培养学生的动手能力。

(四)参加志愿活动——为人民服务

抗战期间，张思德同志是党中央警卫团的一名战士，1944年9月，在陕北安塞县山中烧炭，因炭窑崩塌而牺牲，在追悼会上，毛主席讲话，向全国人民发出时代的号召：为人民服务。

我们知道，人的衣、食、住、行，一切都是劳动的成果，每个人每时每刻都在享受着社会的劳动成果。因此要让每一个学生都懂得人民养育了你，你要知恩图报；懂得为人不能不劳而获，不能只是获取而不付出；懂得社会上人人为我，我也要为社会，为人民服务。这就是为人民服务的实质。

涓涓细流，能汇集成大江大海。你的贡献越多、越大，社会的进步则越快、越好，为人民服务是一种奉献精神，一种责任担当，一种高尚品格。

要使学生认识到，今天的学习，是为了明天参加建设繁荣、富强的祖国，为了实现伟大的中华民族复兴的中国梦做准备。认识到参加各种志愿服务，就是为人民服务。

第六节　思维是人的全面发展的共同基础

前面我们分别分析了德育、智育、体育、美育和劳动教育与思维的关系，我们认为思维的全面发展是人的全面发展的共同基础。这个论断凸显了思维在人的全面发展中的重要作用，从理论上回答了人的全面发展中的两个重要问题。

一、思维揭示了德、智、体、美、劳诸育相互影响的内在原因

许多研究人的全面发展的文章，讲到人的全面发展中德、智、体、美、劳诸育的关系时，注意并阐述了各育间相互依赖、相互促进、相互渗透的作用。但是，各育这种相互影响的内在原因是什么？这个问题并没有得到应有的阐发。而思维是人的全面发展的共同基础，揭示了德、智、体、美、劳诸育相互影响的一个深层次的原因。

例如，科学与艺术是有区别的两大认识领域，科学用理论方式掌握世界，它剥去事物表面的、感性具体的东西，抽取其中本质的、规律性的东西；艺术用审美的方式掌握世界，它始终不脱离对事物的具体形象的感受，创造艺术典型去揭示事物的本质。正是由于这种区别，科学与艺术成为两个不同的认识领域，但是它们又是相通的。这个相通，主要表现在思维上有共同的东西，如联想、想象、直觉等。①钱学森是我国最早用思维科学来研究科学与艺术关系的科学家，他说：

从思维科学角度看，科学工作总是从一个猜想开始的，然后才是科学论证；换言之，科学工作源于形象思维，终于逻辑思维。形象思维源于艺术，所以科学工作是先艺术，后才是科学。相反，艺术工作必须对事物有个科学的认识，然后才是艺术创作。在过去，人们总是只看到后一半，所以把科学与艺术分了家，而其实是分

---

① 温寒江、陈爱苾：《让青少年智力得到最佳发展——两种思维的智力基本理论》，278 页，北京，北京科学技术出版社，2006。

不了家的；科学需要艺术，艺术也需要科学。①

　　李政道教授多年来关注科学与艺术的相互影响。2001 年 5 月，由清华大学美术学院主办，十几个国家的艺术家、科学家参与的"艺术与科学国际作品展"，就是表现科学与艺术相互影响的一个很好的展示，展览侧重于从形象上、想象力上揭示二者的相互联系。

　　上述科学家、艺术家关于科学与艺术相互联系、相互影响的研究，是"思维全面性是人的全面发展的基础"的一个很好的例证。

二、思维的全面性是人的全面发展的基础

　　实践表明，没有形象思维，没有形象化教育，没有英雄模范的事迹和榜样的作用，德育将成为干巴巴的说教；在多种多样的认识活动中，如果没有以美的规律为依据的形象思维(联想、想象)，审美活动就会落空，可见，思维的全面性是人的全面发展的基础。

　　那么，人的全面发展的内在机制是什么？为此，我们先扼要地概述德、智、体、美、劳各育的基本内容。

　　德育：道德的内容是人们共同生活及其行为准则和规范，青少年要通过学习与实践，提高道德认识，形成道德品质和行为习惯。

　　智育：智育的内容是按照事物发展的规律来认识事物，不同学科就是按其研究对象的自身发展的特点和规律来学习它的内容。

　　体育：体育是按照人体生理发展的规律，进行体育运动和身体锻炼，发展体力，增强体质。

　　美育：美育主要是提高学生的审美能力。审美是按照美的规律进行的形象思维，不同类的艺术作品(如绘画、音乐、舞蹈)就是不同审美对象的特点和规律的反映。

　　劳育：符合学生年龄特点，以体力劳动为主，注意手脑并用、安全适度，强化实践体验，让学生亲历劳动过程，提升育人实效性。

――――――――――

　　①　钱学敏：《论钱学森的大成智慧学》，载《中国工程科学》，2002(3)。

　　德、智、体、美、劳各育的内容，既有各自的特点和规律，又有共同的东西，这个共同的东西就是包括学、思、知、行在内的人的认识活动。温家宝同志在《百年大计　教育为本》的重要讲话中说："教学改革还要回到学、思、知、行这四个方面的结合，就是学思要联系，知行要统一。"①学思要结合，知行要统一，就是对教学中共同的内容的高度概括。

　　思维是学、思、知、行四个方面结合的核心。因此，思维的全面性是人的全面发展中各育相互联系、相互制约的内在机制，也就是人的全面发展的共同基础。

---

①　温家宝：《百年大计　教育为本》，载《人民日报》，2009-01-05。

第三章
思维的协调发展

本章导读

　　思维材料和思维方法是思维的两个基本属性，在思维活动中，二者是相互联系、不可分割的。俗话说"巧妇难为无米之炊"，米是做饭的材料，炊是做饭的方法，二者不可缺一。思维如同做饭，材料和方法二者缺一不可，这是思维自身的协调性，它是内在的。它的外在表现就是知识和技能的协调性，一定知识的获取和运用，都是同一定技能联系着的，二者是相互协调的。学习中的思维活动，有的以抽象思维为主，有的以形象思维为主，更多的是两种思维的有机结合，协调发展。不同学科中两种思维结合的形式、特点各不相同，凸显不同学科的特色和本质。

第一节　思维协调发展的内涵

关于思维的协调发展，可以从思维发展与环境的协调和思维发展中自身的协调性两方面来说。

一、思维发展与环境的协调

思维是怎样发生、发展的，思维发展的动力是什么？这个问题不能从思维本身去找答案，而是要从思维与环境的相互作用中寻求答案。

从历史发展的层面，自然对思维的发生、发展起决定性作用。恩格斯认为："人的思维的最本质的和最切近的基础，正是人所引起的自然界的变化，而不仅仅是自然界本身；人在怎样的程度上学会改变自然界，人的智力就在怎样的程度上发展起来。"①人类远古的祖先为了生存就要采集果实、狩猎野兽来充饥。他们要学会识别哪些果实可食，要学会捕捉野兽，学习打造工具。于是思维发生了。

与此同时，先民们过着群居的生活，生活劳动常常需要协同动作，表达与交流成为群居生活的必需，交流促进了思维的发展。交往是个人主体意识形成的重要条件。

马克思指出："人来到世间，'没有带着镜子'。那人是如何认识自己的呢？那是由于人借助于另外两种东西作为镜子认识自己、反映自己的。一是'生产'……二是'交往'……在现实的交往中，人与人在精神上和物质上彼此创造着。"②

可见，思维的发生和发展，它的根源、动力，是人生存的需要。或者说，思维、思想等主观的东西，都是源于人类对客观世界的实践。

---

① 《马克思恩格斯选集》第三卷，中共中央马克思恩格斯列宁斯大林著作编译局编译，922 页，北京，人民出版社，2012。

② 袁贵仁：《马克思的人学思想》，114 页，北京，北京师范大学出版社，1996。

从现实的层面说，儿童思维的发生和发展，是同社会环境、家庭、学校、媒体紧密联系着的，受社会、家庭的经济和文化的制约。比如，思维与语言有密切的联系，二者是相互促进、相互制约的，儿童的语言倘若离开丰富的语言环境是难以发展的；又如，儿童抽象思维的发展在很大程度上依靠学校教育，离开了学校教育，将会抑制抽象思维的发展。当今，以计算机为中心的多媒体与网络等现代媒体，为全面发展儿童的思维提供了便利条件。

我们指出思维发展与环境的关系，就是要说明思维的认知结构，它是一个开放系统。人们通过思维活动，从自然界、社会中吸取知识，又把获取的知识运用到改变自然和社会中去。思维就是在人们在认识和改造客观世界的过程中，不断推陈出新而得到发展的。

二、思维发展的协调性

思维分抽象思维和形象思维。思维发展的协调性，可以从以下两方面来阐述。

其一，从思维的基本属性来说，在思维发展过程中，思维材料（载体）和思维方法是相互协调的，知识与技能的相互协调是其具体体现。

其二，从思维发展过程来说，可以分为学习的基本过程和学习的长期过程两个层次。在学习的基本过程中，两种思维相互结合的形式多种多样。不同学科中两种思维结合形式的特点，凸显了学科的本质和特色。所以，学习基本过程中的思维的协调性要通过学科知识学习时思维之间的联系来建立。在学习的长期过程中，两种思维的协调性主要体现在学科知识体系和技能体系的相互协调，以及思维发展的阶段性问题上。

本章从现实的层面，主要阐述思维发展内部的相互协调性，主要是技能与知识的协调发展和学科中两种思维的协调发展。

第二节　技能与知识的协调发展

一、技能与知识

知识是技能的产物，是技能活动的结果。当它作为内化技能的产物时，是思维加工的成果，为主观形态的知识；当它作为外化技能的产物时，是思维成果的表达，是物质化的知识。两种形态的知识，都是同思维联系着的，如图3-1所示。

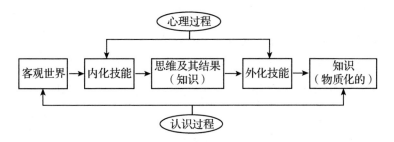

图3-1　思维技能知识联系图①

人类对知识的研究已有两千多年的历史，形成了种种知识系统，而对技能(能力)的研究，是心理学诞生以后的事，其中对技能发展的研究，就更晚了。苏联为了提高普通教育的质量，在1982年颁发了《学生一般技能技巧发展大纲》。这个大纲是在莫斯科进行了两年的"试验性检验"后，做了补充、修改而制定的。这个大纲制定了从学前预备班、一年级到十年级各年级循序渐进地听、说、读、写的学习技能。②美国心理学家加德纳(H. Gardner)在1993年出版了《多元智能》，认为人类至少存在7种智能，即语言智能、数学逻辑智能、音乐智能、身体运动智能、空间智能、人际关

---

① 温寒江、陈爱苾：《让青少年智力得到最佳发展——两种思维的智力基本理论》，354页，北京，北京科学技术出版社，2006。

② 王义高：《苏联首次颁发〈技能技巧发展大纲〉》，载《外国教育动态》，1983(4)。

系智能和自我认识智能(现已完善为 9 种智能)。多元智能理论突破了一元智力论,主张智能多元化,挑战 IQ 测验,这些都是对智力理论的贡献。十多年来,我国对技能发展的研究也有进展。1992 年以后,我国中小学各科教学大纲规定了具体的教学要求,其中主要是基础知识与学习技能发展的要求,在促进学生获得知识的同时,对其技能的发展有了基本的要求,这对于提高教学质量具有重要的意义。

二、技能与知识的协调发展

基础知识和基本技能,即通常所说的"两基",是基础教育的主要内容。关于知识与技能的关系,过去很少有人研究。从认识过程的理论来说,知识与技能二者的关系是很清楚的:知识是认识的结果,技能(包括思维)是认识的过程。知识与技能是相互联系、相互依存、相互促进的。

从思维层面来说,知识既是思维加工的结果,又是思维加工的材料。当知识作为思维加工的材料时,参与思维的过程,旧知识不断被加工成新知识,新知识不断地得到重组、延伸、融合和演绎。新旧知识的这种结合,成为知识的生长点。思维材料和思维加工是思维的两个基本属性,二者是相互联系、不可分割的。俗话说:"巧妇难为无米之炊。"米是做饭的材料,炊是做饭的方法,二者不可缺一。思维如同做饭,材料和方法不可缺一。

思维材料、思维方法的这种相互联系、相互促进的关系,其实质就是知识与技能协调发展的关系。因此,知识与技能的协调发展,是思维协调发展的重要体现。

然而,在教学实践中,常常出现知识与技能(能力)脱节、失调的现象,最早提出这种失调现象的,是苏联教育家苏霍姆林斯基,他说:

所谓能力和知识之间的关系失调,表现为学生还没有具备作为掌握知识的工具的那些能力,可是教师已经把源源不断的新知识硬塞给他:快点掌握,别偷懒!……许多学生之所以不能掌握知识,乃是因为他们还没有学会流畅地、有理解地阅读,还没有学会在阅读的同时进行思考。①

───────────

① [苏]B. A. 苏霍姆林斯基:《给教师的建议(上)》,杜殿坤译,51 页,北京,教育科学出版社,1980。

三、技能和知识失调的状况与分析

产生技能与知识失调的原因根源在于理论认识上，具体地说，问题在于是否正确认识知识与技能的作用及其相互关系。

第一，在教育史上，对于掌握知识和发展能力孰轻孰重，有形式教育与实质教育之争。形式教育强调能力的发展，认为最重要的不是科学基础知识，而是科学的学习在增进人类智能方面所起的发展作用；而实质教育则注重知识的掌握，认为在掌握有益知识的过程中，用不着刻意努力，就可以使才能得到发展。这些争论对课程的设置、教材的编写都产生过重要的影响。19 世纪中叶以来，由于资本主义经济发展和科技进步的需要，实质教育对欧美中小学教育曾产生过重大的影响。

第二，在当代，我们仍然可以看到形式教育的影响。美国心理学家布鲁纳（J. S. Bruner）关于学习结构的理论就是一个例子，布鲁纳认为："经典的迁移问题的中心，与其说是单纯地掌握事实和技巧，不如说是教授和学习结构。"[①]布鲁纳构建了结构主义教育理论，引领了 20 世纪 60 年代美国的课程改革运动，但由于其过分强调学习的抽象概念和基本原理，理论脱离实际，忽视知识在实践中的运用，加上缺乏对师资的培训，改革最后以失败告终。

第三，在传统教育实践中，实质教育思想的影响是相当普遍的，主要表现在教学重结果轻过程、重讲轻练和重理论轻实践等。

传统教育重知识的传授，轻技能、能力的训练，集中表现在许多教材中存在"三个少"的问题，即练习少、联系实际少、实验少。

例如，表 3-1 是对北京市小学语文第七册教材（1994 年版）练习作业的统计。

---

① ［美］杰罗姆・S. 布鲁纳：《教育过程》，邵瑞珍译，5 页，上海，上海人民出版社，1982。

表 3-1　小学语文第七册教材(1994 年版)练习作业统计表①

练习次数	理解性练习	语文训练				
		读音标点	字词	造句	片段练习	综合练习
总次数		14	363	79	9	
每篇课文次数	一般每篇课文有两个问题		11.4 次	3.4 句	2.5 篇课文一次	

从表中我们看到，全册教材共有生字 292 个，只有 363 次练习，每篇课文只有三个句子的练习，两三篇课文才有一次片段练习，练习量实在太少了。而且，练习中没有思维训练。

第三节　学科中思维的协调发展

思维是学习过程的核心，学习中的思维活动，有的以抽象思维为主，有的以形象思维为主，更多的是两种思维有机结合、互相渗透、协调发展，形式多种多样。在不同学科的学习过程中，两种思维相结合的形式、特点各不相同，凸显出不同学科的特色和本质。用科学发展观研究学科学习中思维发展的全面性、协调性，弄清学科中两种思维相结合的形式、特点及相互关系，是学科学习的一个基本问题。

一、自然科学学科

在对自然科学的研究过程中，充满了研究者质疑、观察、实验、假设、推理和检验等一系列探索研究活动。这些研究活动的结果被事实(实验)验证之后，又要经过不断地归纳、概括、推导，形成概念和定律、定理。例如，大家所熟知的能量这个概念，是物质运动的一种量度，是一个抽象的高度概括的概念。对能量的研究

---

① 桑海燕：《小学语文练习改革与研究性作业》，9 页，北京，北京科学技术出版社，2006。

始于 17 世纪末，当时是同力学相联系的。在研究的过程中，有对热的本质的争论，即热素说与热的运动说之争；有各种运动形式相互转化的发现与研究；有对热功当量的测定。经过一百多年几十位科学家的观察、实验、理论推导和实验检测，到 19 世纪中叶，才形成明确的"能量"和"功"的概念，确定了能量守恒定律，成为自然科学的基石。科学研究的一般过程，如图 3-2 所示。

观察、实验 ——→ 假设、推导（公理、定律）——→ 实验、检验

图 3-2　科学研究的一般过程图

学生学习科学知识，是一种再认识的过程。比起原创性研究发现的过程，是一个简化了的过程。今天学生学习能量、功和能量守恒定律，仅用了 12 小时，而科学家的发现却用了一百多年。虽然学生的学习不可能也没有必要重演前人科学发现所经历的过程，但是，学习不能只掌握发现的结果（知识），还要学习科学家那种探索自然的创造思维和实践精神。所以，学生学习自然科学的过程，要力求贴近科学家的研究过程，如图 3-3 所示。

问题（问题情境）——→ 观察、实验 ——→ 逻辑推理 ——→ 检验、应用

图 3-3　自然科学学习的过程

自然科学学习的过程从思维过程来说，具有以下几个特点。

(一)问题

科学发现源于问题，教师（教材）要引导学生走进问题情境，提出有关学习课题的一些问题，或科学家思考的问题，让学生带着问题去观察、实验。对问题的思考，主要用抽象思维。

(二)观察、实验

观察是一种基本的认识活动，有感性认识，也有理性认识。要引导学生有目的地、深入细致地观察，从现象中抓住事物的基本属性、本质，并掌握科学实验和观察的技能。这种深入细致观察的过程和实验技能的形成，主要用形象思维。

(三)逻辑推理

逻辑推理为抽象思维，如果推理过程结合图像、模型或结合直接经验，则是两种思维结合的过程。

(四)检验与应用

应用题一般通过科学事实、现象提供一个问题情境，审题需要用形象思维(联想、再造想象)再现这个情境，进而理解题中有关条件、数字及相互关系，明确要解决什么问题，从中找到解题的途径。因此，解题过程先用形象思维，而后是两种思维的结合。至于问题的检验，又是一个深入的观察过程。

这就是学习自然科学学科中两种思维有机结合、协调发展的过程。

在传统教育中，那种只重概念、原理的教学忽视观察、实践，忽视科学知识的应用，就是两种思维失调的表现。学生在解题时，只注意解题的推理和运算，忽视审题的形象思维或不会用图像来思考问题，也是两种思维失调的表现。

二、数学

数学是研究现实世界数量关系和空间形式的科学。事物的数量和空间形式是事物的重要特征。数和形的科学抽象是对现实世界的深刻反映，由于数学的抽象性和严密的逻辑推理，容易使人错误地认为数学是一门由纯粹的思维所产生的科学，而不是从经验中产生的，历史上就有这种错误的思想。我们必须指出，这种认识是错误的。

关于这一点，恩格斯有精辟的论述：

为了计数，不仅要有可以计数的对象，而且还要有一种在考察对象时撇开它们的数以外的其他一切特性的能力，而这种能力是长期的以经验为依据的历史发展的结果。和数的概念一样，形的概念也完全是从外部世界得来的，而不是在头脑中由纯思维产生出来的……纯数学是以现实世界的空间形式和数量关系，也就是说，以非常现实的材料为对象的。这些材料以极度抽象的形式出现，这只能在表面上掩盖它起源于外部世界。但是，为了对这些形式和关系能够从它们的纯粹状态来进行研究，必须使它们完全脱离自己的内容，把内容作为无关紧要的东西放在一边；这样就得到没有长宽高的点，没有厚度和宽度的线，a 和 b 与 x 和 y，常数和变数……正像在其他一切思维领域中一样，从现实世界抽象出来的规律，在一定的发展阶段上就和现实世界脱离，并且作为某种独立的东西……正是仅仅因为这样，它才是可以应用的。[①]

这一段话，表明了数学研究的基本过程，如图 3-4 所示。

客观事实 ——→ 逻辑推理 ——→ 实践、应用

图 3-4　数学研究的基本过程

在数学学习中，这个过程又存在不同的发展阶段。

第一阶段，从客观事实进入逻辑推理。

第二阶段，一系列的推理过程，即恩格斯所说的，（数学）就和现实世界脱离，并且作为某种独立的东西。

第三阶段，数学的应用。

下面我们来分析不同阶段数学思维的特点。

第一阶段，从感性认识到理性认识，在这个阶段中，两种思维各有不同的特点，我们将在第七章中进行研究。

第二阶段，数与形的学习有不同的思维特点，数的学习（代数、数学分析）偏重用抽象思维，形的学习（几何、拓扑学）则偏重用形象思维，而解析几何是两种思维并用。

第三阶段是两种思维相结合的阶段。

这就是数学学习在不同的发展阶段中，两种思维发展的特点及其协调性。长期以来，由于人们重视抽象思维而忽视形象思维，忽视数学发展不同阶段中形象思维的形成及其特点。造成数学学习中两种思维发展的不协调。下面以平面几何为例做具体说明。

平面几何学习的思维过程是很有特色的，如图 3-5 所示。

对图形的识别、直觉 ——→ 逻辑论证 ——→ 再识别、直觉 ——→ 再论证

图 3-5　平面几何学习的过程

---

① 《马克思恩格斯选集》第三卷，中共中央马克思恩格斯列宁斯大林著作编译局编译，413~414 页，北京，人民出版社，2012。

　　平面几何学习，首先是对图形的识别和图形之间关系的分析、比较和判断，需要用形象思维对图形进行分解、组合和类比。忽视形象思维，忽视几何图形的训练，必然导致对几何图形的识别与分析的困难。所以，思维发展的失调是学习几何困难的根本原因。

三、地理学科

　　在地理研究与学习中，地图占有重要地位。地图是表达地理学科思维的载体，是地理学和地理学习最基本的特点。地图是人们运用数学法则将观察、考察获得的地理事物，用符号、图形综合制作的载体，并配以文字、数字注记。美国地理学家厄尔曼(E. L. Ullman)说："地理的想法必然要与地图挂钩……如果你不能把一种想法画成地图，你就没有地理的想法。"①我们把地理的"想法"(认识过程)表述如下，如图3-6所示。

地理的观察、考察——→地理事实（自然的、人文的）——→ 地图、文字——→应用

图3-6　地理学习的过程

　　这个过程的思维具有如下特点。
　　其一，从地理的观察、考察获得地理事实，是对地理事物表象的加工，是形象思维的过程，其中有地理测量的内容，又有抽象思维的参与。
　　其二，地图主要是形象思维综合的产物，它集中体现了地理学的各种思维方法。
　　第一，地图运用数学法则及符号系统，综合为图形，以表达地理事物的空间和时间信息，体现了形象思维的形象性、整体性和直观性。第二，地图是运用表象的分解、组合的典型。一方面，一幅综合地图，可以从不同角度去解读，可以看作政区图，也可以视为地形图、交通图、城市分布图等，这就是形象思维的分解方法；另一方面，几张专用地图，又可以相互叠加起来识读，是形象思维的组合。第三，

---

　　①　[莱]伯纳德·格尔克：《现代地理学中的地图》，60页，陆漱芬等译，北京，测绘出版社，1986。

通过地图可以广泛采用类比、对比的思维方法。在空间上，如同一气温带，不同地区物产的比较、人文风俗的比较；在时间上，同一地区春、夏、秋、冬的变化比较，历史的和现在的比较。第四，运用地图开展联想和想象。联想是普遍存在的，把地图中的符号、图形和地理事物联系起来就是联想。联想是读图的基础。空间想象能力是地理思维的特色，读图时能从图上的方向、位置、高低、距离、走势，产生一种空间感，能从平面图形中想象它的立体形象，或把空间事物变为平面图形。第五，地图的制作，如图形的比例、某些地理事实的量化(大小、高度、距离等)又是同抽象思维相联系的。

其三，文字、地图虽有形象、整体、直观、信息量大等优势，但缺乏连贯性、有序性。因此，地图和文字叙述是相互配合的，图文结合成为地理学科思维最佳的表述。地理教学中采用以图导文、图文结合的教学法，就是抓住了地理学科的特点，是地理学习中两种思维协调发展的体现。可见，那些只重知识传授、死记硬背地理知识，忽视地图的阅读与训练，忽视地理的实践，是地理学习中两种思维不协调的典型表现。

四、文学艺术学科

文学艺术学科的思维特点与自然科学、数学思维的特点不同。马克思在《〈政治经济学批判〉序言》中论述政治经济学的方法时，讲到科学理论地掌握世界的方式与艺术地掌握世界的方式不同。① 马克思在这里讲到的"掌握世界"的方式中的区别，从思维层面来说，体现为抽象思维与形象思维的不同。

一般而言，在认识过程中，从感性认识上升到理性阶段，抽象思维和形象思维是有明显区别的。抽象思维到了理性阶段，运用概念或符号来思维，思维过程脱离了具体的、可感的东西。而形象思维上升到理性阶段时，具有可感性，这是因为表象与感知觉具有共同脑机制的缘故。单独而言，艺术的形象思维又有其自身的特点。

---

① 《马克思恩格斯选集》第二卷，中共中央马克思恩格斯列宁斯大林著作编译局编译，3 页，北京，人民出版社，2012。

　　第一，艺术家从他丰富的生活阅历、情感体验中，上升到对事物的本质认识时，总是同他对事物的具体形象的感受不可分割地结合在一起，也就是艺术家善于从感性的具体的个别中去把握事物的理性的一般性，把个别和一般、现象和本质辩证地统一起来。

　　第二，艺术的形象思维，始终伴随着情感的激动。艺术家对其所观察、体验到的客观事物始终饱含着感情，并且把这种感情、态度体现在塑造的艺术形象之中，这正是艺术之感人、扣人心弦的魅力之所在。艺术家(作家)的创作过程，可分为三个阶段，如图 3-7 所示。

> 生活积累──►艺术构思──►艺术表现（表达）

图 3-7　艺术家的创作过程

　　生活积累：深入社会实践，通过观察、体验、感受，不断丰富素材的积累。

　　艺术构思：一是从最生动、最丰富的生活素材中，通过提炼、概括，产生作品的主题思维；二是经过长期反复的酝酿、孕育，使人物、故事情节、场景的形象在头脑中清晰起来、鲜活起来，并且使艺术形象和主题思想融合在一起。这里主题思想的产生用的是抽象思维，而形象的孕育与塑造用的是形象思维。

　　艺术表现(表达)："在艺术传达时，艺术家的构思活动不是停止，而是更加集中、更加深入、更加具体。"①所以，艺术表现和艺术构思是联系着的。

　　从生活积累到艺术表现是一个完整的认识过程。这个过程的思维特点为：艺术家(作家)对生活素材的分析、综合、提炼，主题思维的确定，主要是抽象思维；对典型环境中的典型人物的塑造、人物性格的刻画、社会环境和活动场所的具体描写，主要是形象思维。

　　学生阅读或欣赏文艺作品，是一种再认识过程，他的思维特点同作品的思维特点基本上是一致的。例如，语文学科的一般认识模式，如图 3-8 所示。

> 感知──►理解（想象、感受；分析、概括）──►练习、巩固

图 3-8　语文学科的一般认识模式图

---

① 王朝闻：《美学概论》，188 页，北京，人民出版社，1981。

感知：一方面是对文章做初步的阅读或预读；另一方面是教师设置教学情境，让学生通过观察补充、充实与文章有关的生活经验。

理解：首先通过联想、想象，把文章的叙述、描写与学生头脑中有关的表象联系起来，运用再造想象在头脑中浮现作品所描写的形象、画面，并使这些画面清晰起来，鲜活起来，与作者产生情感上的共鸣。接着在学生形象地理解（领悟）文章内容的基础上，对文章进行分析与概括，掌握文章的主题思想。可见，理解过程中的思维同作者的构思是一样的，不过思维方向相反，即学生先用联想、想象领悟文章的内容，而后通过分析与归纳，理解文章的主题。

传统语文教学，存在着忽视形象思维的现象，有的不重视感知阶段的观察、体验，有的忽视理解过程中的再造想象，这就是语文学习中思维的失调。

练习、巩固：联系学生的认知特点和学习经验，选择恰当的文本进行思维感知与理解的练习与巩固。

五、体育学科

体育运动是一种实践性的活动，体育学科的思维是很有特点的，既有视觉、听觉的思维，又有动觉、触觉、触视觉的思维，我们在第二章中已阐述了体育活动与思维的特点。根据体育运动的思维特点，学生运动技能形成的一般过程，如图3-9所示。

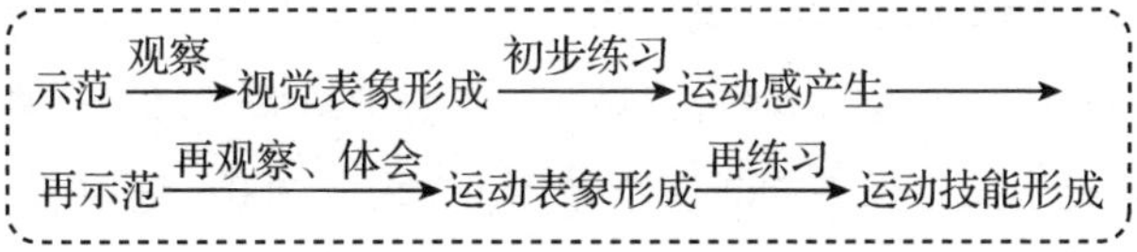

图3-9　学生运动技能形成的一般过程

运动技能的形成，一般分为如下三个阶段。

第一阶段，初始阶段：示范$\xrightarrow{观察}$视觉表象形成，是视觉的形象思维。

第二阶段，练习阶段：通过初步练习，运动感产生，经过再练习和体验，形成运动表象，使视觉表象和运动表象结合起来，是视、动觉的形象思维。

第三阶段，通过反复练习、校正，达到运动技能的形成与完善，是多种表象综合的形象思维。

所以，在体育运动中，运动技能的形成，是多种表象思维综合、协调发展的结果。

第四节　思维发展阶段性的研究

思维的发展是否存在阶段性是思维协调发展的一个重要问题，我们拟从以下三个方面进行研究。

一、儿童对数的认识

今天我们很熟悉的数的概念，它的形成是很漫长的。我们的先民结合具体实物进行简单的计算时，数和计算的实物是分不开的。他们世世代代重复着这种计算，慢慢地把数和计算的事物分离开了，开始认识数以及数之间的关系。随着文字的产生，数的符号也产生了，各个文明古国，如古巴比伦、古埃及、古罗马、古印度、中国都有自己的计算符号，如中国的一、二、三、七、八、九、十；古罗马的Ⅰ、Ⅱ、Ⅲ、Ⅷ、Ⅸ、Ⅹ。这种数字在表达一个大的数目时是不方便的。现代通用的阿拉伯数字，起源于印度，10世纪时由阿拉伯人从印度传到欧洲，义经过几百年才通用起来。

用数字符号表达一个大的数时，"数位"是一个重要概念。在数字系列中，不同数位表示的意义不同，如在382这个数中，3表示300，是"百位"，8表示80，是"十位"，2表示2，是"个位"。所有这些关于数的认识，都经历了一个漫长的时期。考古发现表明，晚期智人的刻画记数已经有了较高的数学水平。①

今天，我们怎样教学生认识数和数位呢？我们的老师一边用教具，一边耐心地讲解，让学生了解什么是数、数位，让他们认识并且能计算。但是学生没有形成数、数位、计算单位的概念。马芯兰老师创造了"数位筒"教学法，让学生在操作

———————————
① 李迪：《中国数学史简编》，5~6页，沈阳，辽宁人民出版社，1984。

中理解了"数位""计算单位"的概念。

在"数位筒"教学中，每一个学生都用小棒子进行操作，一边摆一边说，反复练习。例如，教师让学生先摆1根，再摆1根。教师问：现在摆了几个1根？（学生：2个1根）再摆1根，教师问：现在摆了几个1根？（学生：3个1根）3个1根是几根？（学生：3根）。①

这部分教学的意图是在学习"3"的同时，渗透计数单位"一"。"个位筒"里的1根小棒所表示的是1个计数单位，而3根小棒所表示的是3个计数单位，在动手操作的过程中同时通过语言让学生加深理解："个位筒"里的（一根一根的）小棒都表示的是几个一，而"十位筒"里的（一捆一捆的）小棒则表示的是几个十（10根小棒是一捆，也就是10个一是1个十）。在反复地说与操作的过程中，学生逐渐体会到相邻两个计数单位之间的十进关系，以及"数位"的概念。虽然学生还不能准确地说出这些抽象的概念，但是教师却引导他们掌握了这些概念的精髓。"数位筒"的教学又在不知不觉中对后面"份"这个概念的教学起到了非常微妙的作用。比如，在"数位筒"中：1在不同的"数位筒"中有着不同的意义，1在个位上表示1个一，1在十位上表示1个十，1在百位上则表示1个百。"十位筒"里的这个"1"（一捆）所对应的就是"10"根小棒。从份的概念来分析，就是把这"10"根小棒捆成一捆，也就可以看成10根小棒为一份，就这样，我们通过"数位筒"的教学与我们过去所掌握的知识、概念联系起来：将"数位""计算单位"的概念与"份"的概念，通过迁移的思想扩展开来。②

二、儿童语言的发生和发展

根据脑科学的研究，儿童语言的发生和发展，有以下特点。

（一）语言获取的一致性

"语言获取过程具有很高的一致性。大多数儿童在9至12个月即可说出第一个指示词。在此后的6至8个月中，他们继续以很慢的速度学会单词，一直持续到学

---

① 温寒江、陈爱苾：《学习学》上卷，167页，北京，教育科学出版社，2016。
② 参见温寒江、陈立华、魏淑娟：《小学数学两种思维结合学习论——马芯兰教学法的研究与实践》，14页，北京，教育科学出版社，2016。

会了约 50 个词。这些词大多数标志着一些事物……一旦儿童学到了 50 个词，他们的词汇量就会大增。在 2 至 9 岁时，每天能学会 7 至 9 个词。"①

(二)语言获取存在关键期

儿童学习语言的先天性，主要表现在早期让儿童接触丰富的语言环境，由于儿童有很强的模仿能力，即使很少或没有指导，儿童的语言也能得到很快的发展，而很少错误。对于这种能力，不同儿童具有很大的一致性。这种天生能力所依赖的脑区似乎从他们一生下来就在功能上和解剖上独具特色。但是这种先天性仅存在于脑神经具有高度可塑性的时期，即青春期开始之前，也就是语言发展的关键期。

在生活中，语言发展的关键期现象是常见的。我国方言很多，有的方言区别很大(指口头语言)，导致不同地区的人们彼此不能沟通。如果大人和儿童同时进入一种陌生的语言环境，儿童不需要用很长时间就能掌握当地方言，而成人则要用很长时间才能适应，而他的"乡音"(幼儿时习得的口音)很难改变，正如古诗中所言："少小离家老大回，乡音无改鬓毛衰。"

三、儿童绘画的发展

脑科学研究表明，视觉神经的发展，是按照从简单到复杂再到超复杂的一种层次加工顺序进行的，不同层次的加工不断提取形状的精细特征。对于这个过程在儿童的头脑中是怎样进行的，我们知之甚少。但我们可以从儿童绘画的发展中看出视觉思维发展的一个粗略的轮廓。

儿童绘画主要可分为以下 4 个时期。

(一)象征期：3~4 岁

最先出现的是圆和椭圆，接着出现较长的垂直线、水平线，以及近似的长方形和正方形。图像逐个出现，形象非常粗略，外形轮廓不明确。儿童常常对自己所画

① [美]M. S. Gazzaniga：《认知神经科学》，王甦、朱滢、沈政等译、校、审，538 页，上海，上海教育出版社，1998。

的图像加以语言解释。这个时期儿童画的人物叫蝌蚪人，说明儿童观察事物是从抓最基本的特征开始的，人的头是圆形的，身体是直的。这种抓特征是先天的，不用大人教，各国儿童都是这样画的。

(二)图示期：5~6 岁

绘画表现形式常以自己为中心，用画来表达自己的概念。这个时期对人的性别、正侧，对物的里外、前后、高低等概念能在画面中表现出来，但对事物的大小关系不太关心，对空间关系还很不理解，往往把现实的与非现实的东西交织在一起。后期所画的图像结构由简单到复杂，如人物画，人的手指、手掌、颈、眉毛等逐渐完整，能画出活动着的四肢和躯干。

(三)拟写实期：7~9 岁

7~9 岁儿童已经能把自己所画的画，画得与外界事物比较接近，画面中舍弃基线，改用地平线，能表现物体的平面大小、远近关系，人物、动物出现了性别、年龄等个别差异。但这时基本上还处于平面表现的时期。

(四)写实期：10 岁以后

10 岁以后的儿童已经能把画与实物之间的差异，细致明确地分辨出来，对自己的画与别人的画也能从审美的角度进行评价判断。绘画已由平面表现进入立体表现，空间观念、视觉感受力，如形状、位置、方向、角度、体积、比例、明暗、透视等，已逐渐精确。图 3-10 为 2.5~10 岁儿童所画的人的发展变化(从右到左)。

图 3-10　2.5~10 岁儿童所画①

① 杜玫：《儿童绘画与智力发展》，50~62 页，北京，光明日报出版社，1989。

由此可见，儿童绘画从象征期到写实期(3~10岁)，明显经历了一个由简单到复杂，由粗略到精细，由不顾大小、距离的比例到大小比例、空间关系逐渐精确的过程。这就是视觉思维由发生、发展到成熟的时期。

四、初步结论

从儿童对数的认识，儿童语言的发生发展和儿童绘画的发展，我们可以得到以下几点结论。

第一，从儿童语言发展的关键期和儿童绘画从象征期到写实期，表明形象思维(视觉的、听觉的)的发展呈现阶段性。这个转折年龄在10~12岁，即小学的高年级。从语文学习来说，到了小学高年级，儿童读、写技能已初步形成。小学阶段，儿童学习语言的模仿力强，积极性高，是儿童学习语言的最佳时期。从绘画(表象)的发展来说，小学时期是儿童想象力最丰富的时期。不少作家都谈到童年的想象对他们一生写作的影响。

第二，同语言学习和绘画相比较，儿童对数的认识以及后来学习数学，不受先天因素的影响，其发展在很大程度上取决于教育。数学(主要为分析数学)作为抽象思维的一门典型学科，无论从历史发展还是从学习数学的具体过程来看，均没有呈现阶段性。抽象思维从发生、发展到成熟，是随着学校有关学科的设置(如数学、物理、化学等)而发展的。因此，我们认为，抽象思维的发展不存在阶段性。

第五节　对皮亚杰《发生认识论》的评析

前面，我们阐述了思维发展的阶段性和协调性。人们也许要问，你们为什么没有采用皮亚杰的认知发展阶段论。我们认为，皮亚杰的认知发展阶段论，是以单一思维(抽象思维)为基础的，而我们讲的思维发展阶段性，是以思维的全面性(两种思维)为基础的，二者是不同的。

皮亚杰(J. Piaget)，瑞士人，著名认知心理学家、儿童心理学家，他创立的发生认识论体系，是当代儿童与发展心理学的主要学派。他的著作很多，一生发表了 50 多部专著。这里，笔者仅就其晚年主要著作《发生认识论》中的一些重要思想观点，做初步的评析。

一、思维的单一性问题

皮亚杰承认有形象思维和运算思维（抽象思维），他认为"形象思维总是从属于运算思维的……换言之，按照我的思想方法，思维的基本方面是运算思维而不是形象思维"①。

我们的基本观点为：思维的基本类型有两种，即抽象思维和形象思维，两种思维都要发展，都有其各自的特点和思维方法，也都是普遍存在的。思维的全面性是指两种思维而不是单一的抽象思维。我们在第一章中已从人类思维发展的历史和思维的脑机制两个方面论述了思维的全面性，即两种思维要共同发展。

我们知道，表象的研究是形象思维的基础，表象在 20 世纪曾成为行为主义者的牺牲品，而今，对心理表象的研究，已成为认知神经科学对心理事件研究的重点。因此，忽视形象思维或认为形象思维从属于抽象思维的观点，都是片面的。

皮亚杰认为："形象思维是对瞬间的和静止的事物进行模仿。"②显然，他把形象思维看得太简单了，我们只要举几个例子就可以讲清楚。

作家的艺术构思，经过长时间的孕育、酝酿，一个个直观的形象在作家的头脑中渐渐地鲜活起来，一个个故事的情节渐渐地具体、清晰起来。这种形象的孕育不是"瞬间"，而是几年甚至几十年。郭沫若的《屈原》，孕育至少经历了 21 年；歌德的《浮士德》孕育的时间更长，是用了将近 60 年时间才完成的巨著。

形象思维有时是静止的，而更多的是动态。例如，毛泽东同志写《送瘟神》一诗时，他的形象思维是"浮想联翩，夜不能寐"，他的思想是"坐地日行八万里，巡天遥看一千河"。

---

① ［瑞士］皮亚杰：《发生认识论》，载《教育研究》，1979(2)。
② ［瑞士］皮亚杰：《发生认识论》，载《教育研究》，1979(2)。

二、逻辑数理知识的来源问题

关于逻辑数理知识的来源问题，皮亚杰认为：

大家都同意，逻辑数理的结构是抽象的，而物理的知识——根据一般经验的知识——则是具体的。但我们想问：逻辑数理的知识是从什么东西抽绎出来的呢？有两种可能性。第一，当我们对于对象发生作用时，我们的知识就从对象本身演化出来了。这是一般经验论的观点，而在实验或经验方面，这个观点大部分是正确的。第二，当我们对于对象正在发生作用时，我们就要考虑到这种行动本身，即运算过程本身，因为转变能够在心理进行。根据这个假设，抽象不是从受到作用的对象中抽绎出来的，而是从行动过程本身抽绎出来的，我看这就是逻辑数理抽象的基础。①

关于逻辑思维的根源问题，皮亚杰认为："从对象中抽绎出来的这类抽象，我们称为简单抽象，而第二类我们称为反省抽象……反省是指思考的心理过程，即思维运算阶段所发生的重新组织的活动……反省抽象却不是根据个别动作，而是根据许多协调的动作。"②这里的"反省抽象""行动过程本身抽绎""思考的心理过程"可以说是同义语。

皮亚杰反复强调说，逻辑思维的根源来自心理过程的动作协调。这时抽象已不是从对象中抽绎出来，而是从脱离了对象的行动过程本身抽绎出来。也就是说，逻辑思维的根源来自反省的心理过程。

从以上论述中，我们可以看到，皮亚杰没有讲清第一类抽象和第二类反省抽象之间的关系，即经验知识和逻辑数理知识的关系，而当讲到逻辑数理知识的来源时，也就难免陷入唯心论的自我循环中。

关于二者的关系，爱因斯坦有一段精辟的论述：

---

① ［瑞士］皮亚杰：《发生认识论》，载《教育研究》，1979(2)。
② ［瑞士］皮亚杰：《发生认识论》，载《教育研究》，1979(2)。

事情可以用图 3-11 来说明：

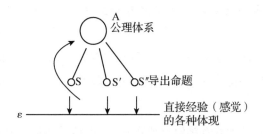

图 3-11 经验知识和逻辑结构关系示意图

①ε(直接经验)是已知的。

②A是假设或者公理。由它们推出一定的结论来。

从心理状态方面来说，A是以ε为基础的。但是在A同ε之间不存在任何必然的逻辑联系，而只有一个不是必然的直觉的(心理的)联系，它不是必然的，是可以改变的。

③由A通过逻辑道路推导出各个个别的结论S，S可以假定是正确的。

④然后S可以同ε联系起来(用实验验证)。这一步骤实际上也是属于超逻辑的(直觉的)，因为S中出现的概念同直接经验ε之间不存在必然的逻辑联系。①

在爱因斯坦的论述中，逻辑结构A是以直接经验ε为基础的，而不是以"协调动作"为基础的。逻辑知识S通过实验、实践可以同直接经验ε联系起来，逻辑知识是否正确，要经过实践的检验。所以，皮亚杰的认知体系是一种自我闭合、脱离实践的体系。

三、逻辑数理结构的闭合性问题

接着我们来研究，逻辑数理结构是闭合的吗？皮亚杰对结构所下的定义为：

首先，结构是一个整体，它是在法则支配下的系统……这些法则不是静止的法则，而是转变的法则……第三个特征：结构是自我调节的，即为了实行这个转变的

---

① [美]阿尔伯特·爱因斯坦：《爱因斯坦文集》第一卷，许良英、李宝恒、赵中立等编译，541页，北京，商务印书馆，2017。

法则，我们无须超出这个系统之外去寻求某些外在的因素。同样，转变的法则一旦应用之后，其结果并不是在这个系统之外产生的……我们也能把这种情况称为闭合。①

可见，皮亚杰所研究的是一个封闭系统，忽略了环境对系统的作用。传统热力学所研究的就是这样一种与环境相隔离的封闭系统。

系统论认为：

封闭系统只不过是开放系统的一种近似，它忽略了环境对系统的作用。在现实性上，系统与环境之间存在着错综复杂的相互作用，存在着物质、能量与信息的流通。例如，每个活的机体本质上是一个开放系统，它们在连续不断地吸入和排出中，在不断构成或破坏组成物质的过程中保持它们的生命。活的机体不能处于化学和热力学的平衡态，而是处于所谓稳态之中。显然，研究开放系统要比研究封闭系统复杂得多，但同时又重要得多。②

经典力学、经典热学动力理论实际上只研究系统的状态，一般系统论的创始人贝塔朗菲(L. R. Bertalanfly)关于开放系统的理论是从对系统的状态研究发展到对系统状态、输入与输出的研究。

我们再来研究一下皮亚杰所研究的闭合系统中的一个典型事例，就是作为他的一个论点依据的赫尔曼·辛克莱夫人的实验。这个实验是在他的认知结构体系(抽象思维的认知体系)封闭状态下得到的结论："智力运算促进语言的进步而不是相反。"③这个结论是不全面的。其实，思维(两种思维)与语言的关系是相互促进的。一方面，思维的发生(形象思维)先于语言，思维的发展促进语言的发展，这方面，辛克莱夫人的结论是对的。但另一方面，语言产生后，由于词汇的积累，通过语言的表达，反过来，又促进了思维的发展。如果没有表达、交流，大脑中的思维往往是混沌的、不清晰的、意思不完整的，思维的发展是十分缓慢的。而在交流时，表述者必须想清楚，表达时才能说明一个完整的意思；接受者要理解他人的意思，增进个人见识，从而促进了思维的发展。

综上，语言的确能促进思维的发展，这一点又同辛克莱夫人的结论不一致。历

---

① ［瑞士］皮亚杰：《发生认识论(续一)》，载《教育研究》，1979(3)。

② 邹珊刚、黄麟雏、李继宗等：《系统科学》，385页，上海，上海人民出版社，1987。

③ ［瑞士］皮亚杰：《发生认识论》，载《教育研究》，1979(2)。

史发展已充分证明人类语言文字的发展，大大促进了人类思维的发展。史前(约5万年前)人类语言的产生，促进人类进入农耕文明，古代文字产生不久，才有巴比伦文明、古埃及文明和我国春秋时代的灿烂文化。

可见，皮亚杰的闭合系统，已是一种抱残守缺的系统了。

四、人类语言有无先天性问题

关于人类语言能力是否有先天性，皮亚杰在《发生认识论》中说：

乔姆斯基甚至于说，构成语法的理性核心乃是先天的……我认为，这个假设至少是不必要的……十四个月或十六个月的儿童可能获得的结构是语言发展的智力基础，但是我反对这些结构是先天的。①

相隔仅20年，认知神经科学诞生了。认知神经科学的研究任务，在于阐明了人类认识活动的脑机制。认知神经科学的研究表明，人类的语言能力存在先天性。

我们在第一章第二节阐述语言的脑机制中，曾谈到天生的脑机制使儿童能获取语言，早期接触丰富的语言环境，能使儿童的语言快速发展，并很少出错。

这种人类先天的语言能力，表现在儿童通过模仿来学习新词汇和句法的内驱力。正是由于这种内驱力，智力偏低的儿童通过听也能不费力地掌握句法。对此，美国语言学家乔姆斯基猜测，在这种普遍性背后可能存在某种生物性的东西参与其中，即人脑天生就做好布线。脑科学家卡尔文认为："确实，脑中存在着一个'语言模块'，它位于大多数人左耳上方的脑区中，'通用语法'可能在出生时便布线其中。"②

可见，人类的语言能力的确存在一定的先天性，皮亚杰的观点是错误的。

---

① [瑞士]皮亚杰：《发生认识论(续二)》，载《教育研究》，1979(5)。
② [美]威廉·卡尔文：《大脑如何思维——智力演化的今昔》，杨雄里、梁培基译，68页，上海，上海科学技术出版社，1996。

第四章
现代教育媒体——
思维协调发展的
载体

本章导读

　　媒体是人类交往、传播信息的工具。人的思维方式、学习方式是同媒体联系着的。历史的发展表明，人类早期形象思维的发生、发展，同人的肢体、手势和言语直接联系。随着文字的产生，抽象思维的发展，竹简、纸张、书籍成为抽象思维和学习方式的媒体。当代，由于信息技术的发展，计算机网络技术使人类进入现代媒体的时代，两种思维协调发展，有了好载体。通过多媒体，两种思维在人脑中对客观世界的反映是生动的、动态的、有声有色的，使青少年的学习变得比较生动活泼和易于理解。因此，对现代教育媒体的研究和实践，是发展两种思维的重要问题。

第一节　媒体与学习方式的历史发展概述

媒体是人类交流、传播信息的工具。人的学习方式是同媒体紧密联系着的，并且随着历史的发展而发展。

一、前语言时期

直立人(猿人)生活在 200 万年到 20 万年以前，猿人从猿猴中分离出来以后，过着群居的生活。气候的骤然变化，猛兽的袭击，需要他们来共同应对；日常的劳动也常常需要协同动作，于是交流成为群居生活的必需。肢体、手势和表情成为人类最早的媒体。

猿人以采集、狩猎为主，生产劳动是简单的，交流也是原始的，交流的空间(媒体的辐射能力)只是有限的几个人。

模仿是猿人的学习方式，也是人类最早的学习方式。依靠模仿，猿人把生产劳动、打造工具(粗糙的石器)的技能，一代又一代地传承下去。如果没有模仿，猿人将永远停留在茹毛饮血的时代。在猿人生活中，晚辈总是照着长辈的样子去做。模仿者先把要模仿的活动模式，在自己头脑中形成一定的也许是模糊的表象，接着通过自己的活动产生新的表象，并且在活动中不断修正自己的表象，使其同要模仿的表象一致起来，从而形成自己的技能。实际上，这是一种形象思维的萌芽。

猿人的这种简单的生产劳动、交流和模仿活动，在一百多万年的漫长历史进程中，非常缓慢地发展着。到了智人时期(25 万年前至四五万年前)，发展逐渐加快，智人使用的工具变得精细了，制造工具的材料也多样了，如石料就有十多种；工具的种类也随之逐渐增多，并且出现了工具的组合，弓箭的发明就是一个典型。我们再来看看脑容量，直立人的脑容量从约 700 毫升增加到了约 1200 毫升，而到了智人后期，也就是语言产生以前，其平均脑容量已达到 1400 毫升，接近现代人的脑容量。这里有一个十分重要的现象，如果把智人和直立人在其生活期间脑容量增加的速度做一个比较，智人比直立人快 18 倍。大脑是思维的主要器官，按照生物学"用得多的器官进化快"的原理，说明智人的思维比直立人已有很大的发展。其根本原因在于人的生产劳动、工具制造促进了思维的发展，但需要指出的是，人的生产劳动是社会性的，媒体交流对思维发展起十分重要的作用。通过交流，"说话者"必须先想清楚，表达时才能说明一个完整的意思；"听话者"要理解他人的意思，增进个人的词汇、见识，从而促进思维的发展。智人制造工具的精细化、多样化和综合化，说明人际的交流、分工协作大大增加了，手势语言有了很好的发展。综上所述，我们可以认为，生产劳动和媒体(手势语言)共同促进了这个时期智人思维的发展。

二、口语时期

语言的发生是历史的必然。我们在第一章中已概述了语言的产生。语言(口头)相对于手势语言有很大的优势，其具有以下两个属性。

第一，在生产种类日益增多，劳动日趋综合化，群居人数不断增加的背景下，交流促进了词汇量的大量增加，语言的表达能力也更加细微化，由此，语言具有了可分离性。

第二，随着词汇量的增加和语言共同规则的产生，又使离散的语言组成一个个句子，用句子来表达一个完整的意思，语言具有了可组合性。

语言是思维的载体，在先民们的交流中，语言的可分离性、可组合性，促进了人类形象思维的发展。

语言的产生，使人类交流、学习的方式发生了重大的变化，由单纯的模仿变为语言和模仿相结合。交流的空间扩大了，由几个人到几十个人，交流学习的方式既有直接的(面对面)交流，也有间接的传授。

生产力的发展促进了人际的学习与交流，反过来，媒体的发展又促进了生产力的发展。在口语时期，生产力与语言的发展，迎来人类文明的第一个黄金时期(5万年前到六七千年前)，即农耕时代的到来。种植、饲养、制陶、房屋建造的产生与发展，是这个时期人类思维发展的杰出体现。

三、文字时期

语言的一大弱点是口语稍纵即逝，不能保持、储存。随着生产的发展、交往的增多，某些事件需要记载下来，这促使我们的祖先进行了媒体的第二次创造——文字。不难想象，文字的创造经历了很大困难，这是因为：一是需要一个字一个字地创造语言的第二种符号，在我国已发现甲骨文单字就有 4500 个左右；二是需要有保存文字的材料。在造纸术发明以前，用来记录文字的材料是很贵的。在我国是把文字刻在龟甲、骨头、陶片、木板上，后来写在竹简上；在古埃及是把文字写在很昂贵的用纸草编成的纸草纸上。可以说智人时期是语言产生的准备期，中间经历了20 万年，而从语言的产生到文字的创造经历了 4 万多年。

文字的出现，克服了口语的不足，重要的事件可以记录下来了。人们可以把观测天象的材料记录下来，后来就有了历法；人们可以把测量、计算的材料记载下来，如古埃及尼罗河泛滥后，对土地的测量和计算的方法，后来就有古希腊几何学的诞生；人们也可以把思考的内容写下来，可以反复推敲、论证、修改。于是，人类的视野进一步扩大，思维也逐渐得到深化。因此，随着文字的产生，占卜、计算、历法的研究，抽象思维发生并且发展了。

文字的出现给人类交流与学习带来了许多方便和优势。第一，由于文字可以保存，可以装订成册，因此交流学习的方式多样化了，既有模仿的方式(看)、言传的方式(听)，也有文字的方式(读)。第二，文字记载着他人和前人的经验，使交流与学习的范围无论在时间上、空间上都扩大了。在时间上可以学习前人的经验，在空间上可以学习不同地域人们的经验。第三，由于文字可以保存，因此可以互相学习和补充，学习的内容丰富了、深入了。

四、学校教育时期

在古代一些经济首先繁荣起来的国家，由于文字出现带来的优势，催生了人类学习、传承的新方式和机构——学校。最早的文字是两河流域南部苏美尔人创造的楔形文字，已有 5500 多年的历史。亚述人、古巴比伦人继承了这份文化遗产，在公元前 3000 年前就有了宫廷学校，古埃及在公元前 2500 年之前也有了宫廷学校。在我国，商代(公元前 17—前 11 世纪)设有贵族学校。这些宫廷、贵族学校都是在文字产生后设置起来的。

宫廷、贵族学校是用来为统治者(古巴比伦的国王、古埃及的法老)培养教育他们的皇子、皇孙、贵族子弟的。后来官学逐渐衰落，私人办学兴起，教育由贵族扩大到平民。在我国春秋(公元前 770—前 221 年)中期已有私学，早于孔子办的私学。孔子办私学 40 多年时，规模最大，子弟有 3000 人。

古代学校教育的内容丰富多样。在我国商代的学校，教育内容包括宗教、伦理、军事和一般文化，到西周中期教育内容分为六艺：礼、乐、射、御、书、数。古希腊则分门别类办学，有文法学校、音乐学校、修辞学校及哲学家的学园。

经济的繁荣，贸易的发达，文字的产生与学校的设立，给人类文明带来第二个黄金期，即文化发展的辉煌时代，如古巴比伦文化、古希腊文化和我国春秋战国的百家争鸣。

罗马帝国灭亡后，在中世纪的欧洲，封建统治者和教会垄断了文化教育，修道院成了学校的唯一形式，教育内容只有神学。到了 12 世纪，才有非教会的世俗学校教授语言文字和一些自然科学知识。随着中国的火药、指南针和印刷术传入欧洲，在 14—15 世纪，由于航运的发展、美洲的发现，以及自然科学的新发展，促进了手工业、商业的大发展。新兴市民阶级力图突破封建统治者和教会的思想禁锢，于是在 14—16 世纪，发生了被当时史学家称为希腊、罗马古文化复兴的文艺复兴运动。兴办学校，提倡人文主义思想，反对中世纪的禁欲主义和宗教观，使科学、文学、艺术等获得巨大发展，再创了一个新的文化辉煌的时代。

经济的发展，促进学习方式的变革。到 17 世纪，捷克教育家夸美纽斯(J. A. Comenius)提出统一办学的学校制度，采用班级授课的教学制度，扩大学科门类和教学内容。人们的学习、交流方式，产生了重大的变革，从个别教育发展为集体教育。他提出的普及初等教育的主张，使教育的大众化、普及化成为可能。

随着 18 世纪蒸汽机的发明、机器的制造、自然科学的新发现，英国首先开始产业革命(工业革命)，接着，19 世纪在法、德、美等国也相继完成工业革命。始于 17 世纪的统一办学和班级授课的集中教育，在工业革命的背景下，得到了普遍实施。反之，普及初等教育又为工业革命提供智力支持，大大促进了欧美工业化的进程。

第二节　现代媒体

如上所述，语言文字在促进人类学习方式变革、促进经济社会发展中，发挥了巨大的作用。但是，作为媒体语言，文字还没有达到完善的地步。随着社会发展，人们交往、学习的方式也在不断地变化，语言文字日益凸显其不足。

一、语言文字的不足

语言文字的不足包括以下几个方面。

其一，语言是事物（表象）的声音符号系统，是对事物的一种抽象。人们开始学习语言时，语言原本是同事物联系着的，然而当语言词汇（口头的）增多以后，就存在语音和语义脱离的现象，这就像儿童在听成人说话时，虽然听见了，但不懂说话的意思一样，其原因就是语言脱离了儿童的生活经验。

文字是事物的第二种符号系统，也是对事物的一种抽象。语言和文字没有内在的必然的联系。例如，"人"字，在不同民族或地区，有不同的读音和书写方式，读音和书写形式没有内在联系。儿童学习语言有先天性，而学习文字没有这种优势，必须逐字地学习，不学习就成为"文盲"。

其二，近三十年，随着脑科学研究的进展，表象已成为认知神经科学对心理事件研究的重点，形象思维在我国已日益受到重视。传统的语言文字媒体对于表达表象系统和形象思维有很大的局限性，通过语言还不能充分直观、直接地把事物真实的情况表现出来。

其三，客观世界在人的头脑中的反映，是生动的、变化的、动态的，是有声有色的，而语言文字媒体的反映往往是静止的、抽象的、无声无色的。文学作品中的语言描述，也是让读者在头脑中去展现其形象。

20世纪，工业经济迅速发展，从电力技术革命到信息技术革命，科学技术发展日新月异。科技的发展促进了媒体的一系列革命：从1876年美国贝尔发明电话，19 世纪末的留声机、幻灯片，到 20 世纪初期的无声电影、广播，20 世纪三四十年代的有声电影、录音机，五六十年代的电视、计算机，到 90 年代，多媒体和网络技术集其大成，整整经历了一个多世纪。人类从此进入了现代媒体时期。

二、现代媒体的特点

多媒体是指以计算机为中心把语音处理技术、图像处理技术、视听处理技术集成在一起，是一种综合文字、声音、图像的系统。它的优势为：文图结合、动静结合、视听结合，具有功能全面和交互性等特点。

计算机网络是连接各种信息源、实现信息快速传输的通道，是当今各种信息系统的基础技术。它的特点是传递迅速、信息容量大、参与性和选择性强。

因此，现代媒体作为人们交流、交际的工具，其突出的优势可以概括为以下三点。

一是全面性。人类的知识、文明，无一不是思维的产物，多媒体及网络能全面地传递、表达抽象思维和形象思维的种种产物——物质的与精神的产物。

二是快速性。网络的传播给人类带来从未有过的传递信息高速度。

三是丰富性。互联网上具有无比丰富的信息资源，这些资源分布在世界各地计算机系统的数据库中。

可见，历经一个世纪出现的现代媒体——多媒体和网络技术，是人类发明创造语言文字以来，最深刻、最重要的一次信息革命。

如果说语言的产生把人类带入农耕时代，文字的创造把人类带入文化光辉灿烂的时代和工业革命时代，那么，现代媒体正在把人类带入一个新的技术革命——信息革命的时代。可以预见，随着科学技术的迅猛发展，人类文明将以加速的步伐迈向未来。

第三节 现代教育媒体的发展

随着现代媒体的发展，教育领域逐步兴起应用现代媒体的热潮，现代教育媒体在学校逐步得到应用。目前，大部分学校同时存在传统教育媒体和现代教育媒体。那么，一些运用现代教育媒体比较好的学校，是不是已经达到了教育媒体的现代化？我们认为还不是，现代教育媒体有一个相当长的发展过程，这个过程大致可分为准备期和过渡期。

一、准备期——现代教育媒体作为一种辅助教育的工具

我们知道，人类语言的产生，需要具备三个条件：一是口头词汇的积累，二是一种约定俗成的"通用语法"的产生，三是人类发声器官的进化。完成这三项准备，人类经历了大约二百万年。文字产生后，由于载体的昂贵，到了造纸术、印刷术发明以后，教育才逐步大众化、普及化，这期间经历了四千年。

由于现代媒体自身的发展，现代教育媒体的启用也同样要经过准备期。从 19 世纪末 20 世纪初，幻灯机、无声电影兴起，幻灯机应用于教学；到 20 世纪三四十年代，有声电影、广播、录像、录音机相继发明，在美国兴起视听教育；进入 20 世纪 50 年代以后，电视、电影、显微影片、录音带等已成为教学的有效工具。可见，从 19 世纪末到 20 世纪 70 年代的近百年中，现代教育媒体仅作为一种直观教具和辅助教学的手段。布鲁纳在《教育过程》一书中，称其为"教学辅助工具"。我国在 20 世纪七八十年代，电化教育有了比较普遍的发展，大部分学校有了幻灯机、投影仪、录音机、录像机等电教设备，这个时期各种现代媒体的应用，被称为电化教育辅助教学。

二、过渡期——现代教育媒体全面介入教学

20 世纪 40 年代计算机的发明，是信息技术的一大进步。计算机作为信息处理

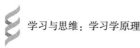

的工具，在信息储存、交流和传播诸方面的优势是其他媒体技术无法比拟的。20世纪90年代初，以计算机为主体的多媒体综合运用以及计算机与网络技术的结合，促进了教育媒体的普及和发展，现代教育媒体进入全面介入教学的时期。在美国，99%的学校已实现了上网，学生拥有电脑的平均比例为5∶1，许多学校已实现了人手一台笔记本电脑。在新加坡，1999年，小学每66名学生拥有一台电脑，10%的课程使用电脑上课；在中学每5名学生拥有一台电脑，14%的课程使用电脑上课。从20世纪末以来，我国加快了教育信息化步伐，大力推进现代教育媒体的应用，如校园网络建设、学科教学网站(页)建设以及教学资源库的建设。许多教师积极制作计算机辅助教育(CAI)课件，运用网络资源开展探索式学习。课堂教学面貌有了新的变化，教育质量得到有效的提高。此时，现代教育媒体已不是作为教育技术或教学方法的助手，而是从学习内容、学习方式等方面全面介入教学中。

三、现代教育媒体的优势和不足

当今，世界各国都在争相开发利用现代教育媒体。我们怎样认识现代教育媒体的优势和不足？

(一)现代教育媒体的优势

我们从媒体的表达、交流的基本功能，把现代教育媒体的优势和特点，主要概括为以下三个方面。

1. 现代教育媒体是表达、传递两种思维及其成果的形式

客观世界在人体内(主要为大脑)的表征有语言符号和表象两个系列，经过思维的加工，大脑对客观事物的认识有两个系统，即语言文字系统和表象(经验)系统。如前所述，传统的语言文字媒体可以表达语言文字系统，但在表达表象系统方面却有很大的局限性，把大部分丰富多彩的、动态的世界给忽略掉了。

语言文字具有可分离性、可组合性和连贯性，图形、图像具有具体性、形象性和整体性。现代教育媒体吸纳二者的特点，有机地把语言文字和图像结合起来，有文有图、有声有色、有静有动，情景交融，成为最有效的表达和交流的媒体。

自有语言文字以来，现代教育媒体的产生，使人类第一次把人脑思维的成果，

全面地、比较真实地表达出来，这是一个伟大而又深刻的变革。

2. 使学习变得生动活泼和易于理解

使学习过程生动活泼、学习变得易于理解，历来是教师的追求。运用现代教育媒体能比较好地达到以下几个目标。

一是使所学的知识形象鲜明、绘声绘色、有情有景、感染力强，多种感官参与学习，可激发学生学习的兴趣和内在动机。

二是设置教学情境，通过计算机的交互性，促进师生之间、生生之间开展质疑、讨论和合作，营造一种师生之间民主、平等、生动活泼的学习氛围。

三是有文有图，有观察、有阅读，两种思维协调发展，学习贴近生活，贴近实际，使新旧知识、经验比较好地结合起来，促使思维加工到位，学生能比较顺利地理解和掌握所学知识。

四是运用现代教育媒体的仿真技术，化静为动，有宏观的也有微观的，从事物的发展变化和动态中去掌握事物的特征与本质，使学习内容变得清晰和易于理解。

3. 充分发挥了学习主体的作用

学生是学习的主体，学习主体的作用，表现在对学习的态度上，即主动性、积极性、自主性和独立思考。传统教育由于多种影响因素，如对师生关系的认识，教材、教法存在的问题，对思维的认识存在单一性等，学生的主体作用不能得到充分的发挥。通过落实以人为本的思想，改革教材，发展两种思维，运用现代教育媒体，学习主体的作用才能得到充分的发挥。

（1）主动性、积极性

运用现代教育媒体，使相当一部分学习内容形象化，教学情景化，落实以人为本的思想，教师关爱每一个学生，平等对待每一个学生，促进师生之间、生生之间的交流与合作，就能很好地调动每一个学生学习的主动性和积极性。

（2）自主性

关于自主学习，要有正确的引导。有人认为在网络环境下，学习可以根据需要自由地选择学习内容和学习方式。其实，这是一种误解。青少年学什么、怎样学的问题，是学习理论、教育理论的一个基本问题。研究表明，在浩瀚的知识海洋中，青少年首先要学好那些基础性、通用性强的知识，要注重培养基本技能和能力，使学生善于从经验、书本、网络中独立地获取知识和运用知识。没有基础知识、基本技能和能力，就根本谈不到自由选择学习内容和学习方式。这也表明为青少年学习服务的现代教育媒体和一般人运用的现代媒体是不同的。在网络环境下，让学生能够自主学习，关键在于改革教材，学习内容应区分必读和选读，技能训练也要分必做和选做，增大选读和选做的内容，学生自主学习的空间也就增大了。

（3）独立思考

学习过程的核心是思维，无论是接受性学习、探索性学习或合作学习，独立思考是各种学习活动的基础。在思维全面发展的基础上，让学生学会基本的思维方法，学生的独立思考就能落到实处。

以上是从学校教育角度来说的。此外，现代教育媒体对于远程教育、大型的群众教育起了决定性的作用。可见，现代教育媒体的优势是突出的。

（二）现代教育媒体的不足

我们还要认识到，现代教育媒体不是万能的，它依然存在着许多不足，主要包括以下几个方面。

1. 媒体不能代替直接经验

学习的知识有直接经验（表象、知识、体验、感受）和间接经验，后者以前者为基础。人们如果没有直接经验，将无从获得间接经验。学生的学习以间接经验为主，正因为如此，学习容易脱离实际，使学习变得不好理解。运用教育媒体，学生获得的信息大大丰富了，有声有色，能动能静，有宏观的，也有微观的，可以说比较全面地反映了客观世界。但是许多是学生未曾经历过的，这些仍然是间接经验，虽然有些知识比较好理解，但它是一个虚拟世界。这样，学生头脑中有两个世界，一个是经验世界，另一个是虚拟世界，后者以前者为基础，学习脱离实际的问题还是没有解决。没有登过高山，很难体会"一览众山小"的意境；没有看过大海，很难领略万顷波涛的画面。一个实验即使通过媒体可以让学生看得清清楚楚，但不如让学生自己动手做一做；一个教学情境即使通过媒体可以让学生看明白，如果能让学生直接观察，还是应该让学生去直接观察。

因此，当我们充分发挥教育媒体的作用时，还要十分注意通过观察、实验、参观、调查、实践活动去丰富、充实青少年的经验世界。

2. 媒体不能代替人的思维、基本的技能和记忆

网络化后，学生所面对的不仅仅是一个课本、一位教师，可以说是整个世界。学生可以接收到形形色色的知识，然而，计算机不能代替学生理解一个字、一句话。一个人如果没有数学专业知识，就读不懂华罗庚的文章；如果没有音乐专业知识，就读不懂贝多芬的《第九交响乐》(乐谱)。同样，学生可以接收到五光十色的美妙图画世界，但计算机不能代替学生去发现别人未曾发现的事物，也不能代替学生审美。

计算机能模拟人的部分逻辑思维，能对符号、数据进行种种运算。学生是不是可以不用学习数学的思维方法而直接用它来运算、解答各种数学题呢？不能。学数学不仅是让学生学习一定的数学知识，更重要的是掌握数学方法(思维方法)。如果学生不会四则运算等基本技能，他也就无从学会代数方程、微分、积分方程等所体现的数学模型的思维方法。

因此，现代教育媒体能有效地提高教学质量和教学效率，但也要看到现代教育媒体的运用，不能代替掌握、运用知识过程中思维的训练和技能的训练。

总之，学习内容的直观形象化，可以充实感知，丰富表象，当学生有了足够的经验(表象)时，直观和形象化的作用就随之减少了，不是形象化的东西越多越好，直观形象不能代替思维。学生掌握基本技能，运用现代化教育媒体进行示范，讲清方法步骤是必要的，尤其是一些变化快、动感强的技术动作，离不开现代教育媒体的作用，但是技能的一举手一投足，一招一式，只能通过训练才能形成。现代教育媒体具有很强的储存、检索、提取的功能，但是它不能代替人的记忆，因为思维活动、技能形成离不开记忆。因此，现代教育媒体的运用，可以促进思维的发展，有利于技能的训练和记忆，却不能忽视人的思维、技能和记忆本身的发展与训练。

当前，现代教育媒体的优势日益凸显，那么，我们现在是否能够普遍地运用现代教育媒体？现代教育媒体何时才能大众化？我们的回答是，现在还做不到普遍化。纵观历史，一种新教育媒体的普及化，必须具备两个条件：其一，新媒体的手段(载体)要做到使用简便，经济适用；其二，要有运用以新媒体为主的一整套教材。要达到这两个条件，还需要一个相当长时间的发展。目前我们仍处在过渡期，传统教育媒体尚有一定优势。一方面，传统语言文字媒体(书籍报纸等)在表达、传递以抽象思维为主的学习内容上还有优势。另一方面，传统教育媒体使用简便，经济适用，携带方便，运用自如；坐着、站着和躺着都可以读，在火车、飞机上也

可以读；而且图书、报纸的价格，一般老百姓也可以承受。

可见，目前处在传统教育媒体和现代教育媒体并用的时期，教学中运用现代教育媒体的课程只占少数，教材还没有做相应的改革，多媒体课件主要还是靠教师手工制作，不少学校的学生只能在专用教室中享用现代教育媒体。

第四节　现代教育媒体与新的学习方式

一、现有教育媒体理论的不足

近一个世纪以来，随着现代媒体的发展和它在教育中的运用，不少诠释、论述现代教育媒体的概念、理论也应运而生。这些理论观点在现代教育媒体的发展过程中，对人们的学习与研究起了一定的推动作用。随着 20 世纪末认知神经科学的诞生和人们对现代教育媒体认识的深化，有些用来阐述现代媒体的理论，已经变得不贴切或不适用了，如教育传播理论、认知信息加工理论等。

(一)教育传播理论

教育传播理论把教学过程作为信息的传播过程，它是这样表述的："首先，由传播者(教师)考虑所要传送的信息(教学内容)，然后经过编码，把信息内容转换成可以传递的信号(如讲授方式，则把信息转变为声音、书写文字信号，借助声波、光波传递)，由传播媒体(如话筒、录音带、印刷材料等)，通过合适的通道(如空气、光线、电缆、黑板等)传播到接收者(学生)的眼睛、耳朵等感官，通过译码，最后达到学生大脑。在这里，信息被解释、还原为原信息内容(教学内容)，被学生所理解。在传播过程中，学生的回答、提问、动作和表情等各种方式，对所传送的信息内容(教学内容)做出反应，并将反应信息传回传播者(教师)那里，以便让传播者(教师)了解信息内容(教学内容)被接受的情况，这个过程叫反馈。反馈的目的，是为了检验传播的效果，以便采取措施，及时调整教学过程，使教学效果达到最优化。"①

我们知道，教学媒体不是一般的传播信息，它不等同于电台、电视台、计算机，教学媒体所表达、传递的是人的思维及其成果。教育媒体的选择与运用，应着眼于思维的发展与表达，着眼于知识的理解与运用。而教育传播理论没有抓住教学过程的这个特点和实质。

（二）认知学习理论

加涅（R. M. Gagne）的认知学习理论，把人从眼、耳、鼻、舌等各种感官中获得的信息（感知觉）比作信息的输入，把人脑中对知觉的种种思维加工、记忆比作信息编码、检索、转译、储存，而把人的思维结果（知识）通过感官、肢体表达出来，比作信息的输出。

加涅的认知学习理论，兼取行为主义和格式塔心理学的一些优点，把学习过程看作信息的接收和使用的过程。

1. 加涅的学习结构模式

从图4-1中可以看出：第一，把学习过程看成是信息流的过程；第二，信息流经过感觉记录器、短时记忆到长时记忆，中间如何加工没有说明；第三，学习者对环境作用是靠长时记忆的调动来做出反应的。

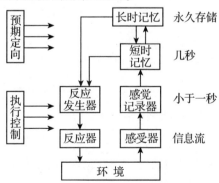

图 4-1　加涅的学习结构模式②

---

① 李克东、谢幼如：《多媒体组合教学设计》第 2 版，8 页，北京，科学出版社，1992。

② 李克东、谢幼如：《多媒体组合教学设计》第 2 版，5 页，北京，科学出版社，1992。

2. 加涅的学习过程阶梯模式

加涅的学习过程阶梯模式，如图 4-2 所示。

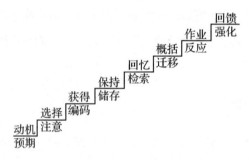

图 4-2　加涅的学习过程阶梯模式①

学习信息加工理论者，把人的心理过程比作计算机的程序，实际上，计算机程序及其特征与人的认知过程的心理机制是毫不相干的。它不能解释信息为什么最终要还原为文字和图像，人们获取文字及图像又要遵守哪些原则。朱滢、陈烜之等人在《21 世纪的心理科学与脑科学》的"译者前言"中说："越来越多的心理学家已经认识到，人类的信息加工的角色，在功能上几乎每一个重要的方面都不像是一个标准的数字计算机，我们必须放弃认知研究可以与脑研究相互分离的想法。现在，脑认知成像技术的出现与发展，为认知过程提供了大脑的数据，心理学与脑科学结合而诞生的认知神经科学，正取代认知心理学，成为心理学发展的新阶段。"②

现有的现代教育媒体理论强调的是技术，注重媒体的制作、开发和利用。通常把教育媒体称为教育技术、视听技术、传播技术，以及接收、编码、转换、储存等技术。比如，把"教育技术"定义为："教育技术是关于学习过程与学习资源的设计、开发、利用、管理和评价的理论和实践。"③其中关于学习过程与学习资源的设计，应该是教材编写人员的工作，关于将投影仪、幻灯、录音、录像等音像技术和电子出版应用于教学过程的开发研究，应该是教学法专家研究的问题。应该说，这

---

① 李克东、谢幼如：《多媒体组合教学设计》第 2 版，4~6 页，北京，科学出版社，1992。

② ［美］罗伯特·索拉索：《21 世纪的心理科学与脑科学》，朱滢、陈烜之等译，1 页，北京，北京大学出版社，2002。

③ 王俊英、桑海燕：《现代教育技术与小学学科教学》，8 页，北京，北京科学技术出版社，2004。

些是有关专业技术人员应该研究和掌握的技术，而不是一个普通教育媒体使用者，如教师、学生所需要掌握的。

综上，随着现代教育媒体的发展和应用，教育传播理论和认知信息加工理论日益凸显其局限性，为使现代教育媒体扬其所长，充分发挥其作用，新的现代教育媒体理论的诞生成为必然。

二、现代教育媒体与新的学习方式

历史表明，一种新的媒体的产生，必然促进人类学习方式的变革，产生新的学习方式。我们认为，新的学习方式为：个别教育与集体教育的最佳结合。

在语言文字媒体的发展进程中，青少年的学习方式（学校教育的基本形式）由个别教育发展为集体教育。如果说集体教育是对个别教育的否定，那么，按照发展的辩证法则，新的学习方式即个别教育与集体教育的最佳结合，是对集体教育的否定之否定。辩证的否定，不是对旧事物的抛弃，而是扬弃，是由旧质到新质的飞跃。辩证的否定之否定，也不是简单的重复，而是更高基础上的重复，是由低级到高级的发展。

新的学习方式，具有以下几个特点。

（一）新的教材要体现个别教育与集体教育最佳结合的特点

新的教材不同于现有教材，也不是由现代教育媒体去适应现有教材，即所谓"信息技术与学科教学的整合"。在网络环境下，学习资源无比丰富，青少年的学习内容必须要有所选择，要选择学习基础性、通用性强的知识。同时，要区分必读和选读，这个区分主要由教材来解决，而不是由教师或学生来解决。教材的编写，可采用模块结构。对于学科中的一个学习专题或单元，教材可分阅读和练习两部分，阅读部分分必读和选读两个模块，练习部分分必做和选做两个模块。由于有了选读和选做的教材，必读和必做部分可以比现有教材有较大的减少，学生自主学习的空间大大增加了。

(二)学习的主要形式有个人自学和课堂学习

自学是学生根据个人计划，阅读选读教材，进行选做作业、练习，学生可以在家中学习，教师在网上指导、检查、监控。

在学校进行集中的课堂教学，教师对重点、难点教材进行必要的讲解。课堂上进行口头、书面练习，进行面对面交流、讨论、研究，回答学生的问题。参观、实验、实习，以及体育、劳动等学习，也要用集体学习的形式。

(三)制订个人学习计划，是个性化学习的重要环节

在小班化条件下，学生按照学习单元或学习阶段(如两个月为一个学习阶段)，从个人学习基础(知识、思维、技能)出发，参照教材或教师的指导，制订个人学习计划。

(四)接受式学习和探索式学习的合理结合

学习存在两种不同的方式。第一种方式，学生在学习时，按照教材内容、教师的讲解，通过思考逐步获得知识；做练习时则按照教材的方法或教师讲的方法去做。这种学习是按照前人或别人的认识成果，亦步亦趋地去认识，是一种再认识过程。第二种方式，是教师创设问题情境(提出学习研究的问题，提供学习的资料、实验手段)，学生独立研究，运用已有的知识去发现问题，回答问题，获得问题的结论(新知识)。做练习时则往往寻找新的解题办法，寻求最佳方案。这种学习是独立地解决问题，探究新的知识，是一种创新性的认识过程。第一种方式是接受式(再现式)学习，第二种方式是探索式(发现式)学习。

青少年要继承人类长期积累起来的极其丰富的精神财富，采用接受式学习无疑是一种捷径，学生能用较少的时间获得较多的知识。但是，长时间地运用这种学习方法，必然要产生弊端，它使人固守书本，缺乏不断追求新知识，勇于探索、创造的精神。探索式学习，容易激发学习兴趣，提高学生思维的积极性和独立思考能力，培养学生的创新意识，充分发挥学生的主体作用。现代教育媒体的运用，为一部分教材转换为探索式学习创造了有利条件，教材可以增加探索式学习的内容。但是要看到探索式学习也存在弱点，探索式学习一般费时多，而且有很大一部分材料

不需要或不适宜用探索式的学习方法。

由此可见，新的学习方式应以接受式学习为主，是接受式学习与探索式学习二者合理的结合。

（五）课外活动、兴趣小组是新学习方式的重要组成部分

开展课外活动，在我国已有近百年的历史，实践表明，课外活动是发展个性、培养能力、创造力的重要学习形式。在教育现代化进程中，课外活动是指课堂学习以外的个人的、小组的学习形式，它具有以下特点。

1. 自主性

在课外活动中，学生根据自己的兴趣、爱好和需要，自愿地选择要读的书、想参加的活动，不论是小组活动或是个别活动，也不论是阅读、研讨、实验或是制作，学习的速度，活动的时间、内容，总是根据学生个人的学习能力，在教师必要的指导下自由自主地进行。

2. 实践性

在课外活动中，学生自己定课题，找材料，制定方案，独立地进行探索、研究、实验和制作。对于活动过程中出现的问题，需要他们自己去分析、判断；自己检查、总结活动的结果。在整个过程中，学生具有完全的独立性，教师只是从旁指导。

3. 创造性

课外活动从学生的爱好和特长出发，在活动中开展各种探索性、研究性、创造性活动。在活动中认识新事物，解决新问题，勇敢地创造新作品、新产品。所以课外活动是培养创造力的好形式。

4. 开放性

课外活动方式多种多样，内容丰富多彩，不受课程、教材的限制，通过参观访问、调查研究，走出去、请进来，把学习和生产劳动实践结合起来。

第二编　记忆与迁移

第五章
思维与记忆

本章概述

记忆是思维的基础。在人的大脑中，思维的产生不外乎两类，一类是现在的感知觉和记忆的综合；另一类是记忆中已有知识的重组。这里的"综合""重组"就是思维的加工，都离不开记忆中有关知识(经验)的激活。可见，人的思维一刻也离不开记忆。记忆有短时记忆和长时记忆。脑科学研究表明，短时记忆具有储存信息和处理信息两种功能，所以短时记忆又称工作记忆。工作记忆是思维的核心，人脑在认识活动中，把客观事物在一定时间、空间中的特征、属性等有关思维元素适当地结合起来，进行思维加工的机制就是工作记忆。我们综合了脑科学关于工作记忆的研究成果，称其为"思维的基本法则"，它是人脑进行思维活动的规律。

第一节 多重记忆

一、什么是记忆

人们的工作、生产和日常生活，人的一切有意义的活动，一刻也离不开记忆。记忆是生物体保持和利用所获得的信息、知识或技能的能力。人们感知过的事情、做过的活动、阅读过的书或思考过的问题，都会在人体内（主要为大脑）留下不同程度的印象。如果人类没有记忆，就将永远停留在茹毛饮血的原始生活中。可见，人类有一个能记忆、能思维的大脑是很幸运的，它既是大自然的恩赐，也是人类二三百万年来不断进化的结果。

传统的记忆理论认为学习机制与记忆机制基本上是相同的，二十多年来，这种一元化的观点已被认知神经科学的新观点、新概念所代替，这些新概念是对传统记忆理论的重大变革。"两个新概念的形成与发展对今天记忆的研究起着非常重要的作用。一个概念是，人的记忆区分为编码、储存和提取等不同过程，经验数据与理论分析都已证明了这一点……另一个概念是，多重记忆系统或各种分离的记忆形式的概念。这是一个与传统的记忆思想相对立的根本性的概念。"①本章就是从多重记忆入手来研究记忆与学习。

二、短时记忆和长时记忆

早在 20 世纪 50 年代，心理学家就把记忆分为短时记忆和长时记忆。通常我们打电话，暂时记住一个新号码；学生学习一个生字词，一时记住它的字母组成；或者学一种操作，当时会做了，如果没有复述或练习，过后也就忘了；等等。这些都

---

① ［美］M. S. Gazzaniga：《认知神经科学》，王甦、朱滢、沈政等译、校、审，429 页，上海，上海教育出版社，1998。

是短时记忆。短时记忆信息保存几秒钟到一分钟，它的容量相当有限，短时记忆的遗忘，是由于记忆痕迹的消退或干扰引起的。

长时记忆是指信息储存时间在一分钟以上的记忆，其容量没有限制。长时记忆的来源是多方面的。短时记忆中许多信息消失了，而那些经过工作记忆加工了的知识、经验，转化为长时记忆。生活中那些形象鲜明、印象深刻以及一些突发的事件、经历，也能留下长时间的记忆，甚至有的是终生难忘的。这些丰富的、多种多样的记忆，是人们学习与思维的基础，是人的精神财富。

三、外显记忆和内隐记忆

根据多重记忆系统理论，在长时记忆中，对知识、经验的提取与对技能的提取是不相同的。

例如，当你回忆不久前一次愉快的旅游时，头脑中会浮现出一幅幅旅游的画面，你可以把它说得绘声绘色；当你复习学习过的一个定理时，这个定理的条件、推理过程、结论在你的头脑中变得井井有条。所有这些对知识、经历的回忆，是经过有意回忆而显示出来的。通常所学的知识、经历(经验)的记忆，如理论知识、事实、事件的状况、过程、结果等，被称为"外显记忆"。对这些知识、经验的运用(提取)是有意识的，是受到意识控制的。

但是，人们对活动本身的回忆，有着不同的特点。比如，运算技能，当人们通过练习，熟练地掌握基本运算技能以后(技能已形成)，在进行简单的数字计算时，能不假思索、不用意识的努力，熟练地(自动地)进行计算。又如游泳运动员，当他在水中练习形成一种特殊的感觉(水感)后，再游泳时，不经意识的努力，就能自由地在水中调整自己动作的速度、强度。

还有一种启动效应现象，启动效应是指由于新近呈现一个刺激，导致个体对这个刺激的识别或侦察能力提高。启动效应不是简单地通过激活储存的记忆表征而产生，而是以刺激呈现所引起的感觉、知觉为基础。① 例如，你去找一个朋友的家，

---

① [美]M. S. Gazzaniga：《认知神经科学》，王甦、朱滢、沈政等译、校、审，512~513 页，上海，上海教育出版社，1998。

初次是凭门牌去找的，你并没有注意地址的空间位置，但你下次去时不必记门牌，看到门前的情境就认得了。认人也有这种情况，在一次聚会时，某甲不是你关注的对象，再次见面时，你可能会觉得眼熟，似曾相识，却记不起何时何地见过。

习惯是指长期过程中逐渐养成的行为倾向。人们按习惯行动、办事，是不假思索、自动化的行为，是无须用意识来提取的。

以上几种记忆的特点是，过去经验对个体当前活动的一种无意识的影响，或者说，在一个不需要对先前经验进行有意识的回忆，而先前经验促进了活动的效果。这称为内隐记忆。

上述分析表明，记忆不是一个单一的统一体，是由一些分离的系统构成的，这就是多重记忆系统，如图 5-1 所示。

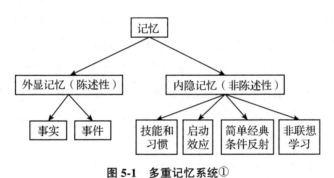

图 5-1　多重记忆系统①

第二节　学习与记忆

知识是学习的成果，也是思维加工的产物。在人的大脑中，思维的产生有两种，一种是现在的感知觉(新知)和记忆(旧知识、经验)的综合，另一种是记忆中已有知识的重组。这里的"综合""重组"就是思维的加工，都离不开记忆中有关思

---

① ［美］M. S. Gazzaniga：《认知神经科学》，王甦、朱滢、沈政等译、校、审，508 页，上海，上海教育出版社，1998。

维材料的激活。可见，人的思维一刻也离不开记忆。长时记忆就是思维加工的材料库。根据多重记忆的理论，知识的记忆和技能的记忆是不同类的，前者属于外显记忆，后者属于内隐记忆。下面着重从方法上研究学习中知识的记忆。

一、注重理解，在理解的基础上记忆

理解了的知识或有意义的材料，比无意义的材料识记容易，保持较久，也易于激活、提取。有人认为，在儿童记忆中机械识记的发展先于意义识记的发展，这个观点是不正确的。幼儿在刚学会说话时，常常问"这是什么""那是什么"，当他听到大人说："这是椅子""那是一只猫"时，已把他最早学习的字词(口头的)的音和义(事物)联系起来了。这时思维的联系，就是幼儿对字词的最初理解。

福建省龙岩市市直机关幼儿园，运用自编的《全脑潜能开发》教材，抓住知识源头一些基础的内容，如数学的"一与许多""比大小""排序""分类"；在语言方面，注意丰富幼儿的表象和口头词汇的积累等，运用幼儿喜闻乐见的方式(如游戏)，进行思维训练。这里是知识的源头，没有新旧知识之分，生活、游戏、知识、技能、思维是融合在一起的。

教学"比较多少"时，教师让幼儿玩"抢椅子"的游戏：

老师将全班幼儿分成每组人数为 6 的若干小组，而每组的小椅子却只有 5 把。游戏开始，幼儿听音乐围着小椅子转，当音乐停止时，幼儿抢着椅子坐，但每次总有一个小朋友没有椅子坐。老师问小朋友："怎么会有人没椅子坐呢？你发现了什么？"有一个聪明的小朋友回答："我发现人多椅子少。"其他小朋友们也伸出手指头点数后，争着回答："小椅子有 5 把，小朋友有 6 个。""小朋友比椅子多 1。""小椅子比人少 1。"有的小朋友一下子就悟出了："6 比 5 多 1，5 比 6 少 1。"接着，老师又提出了一个问题："怎么样使人数和椅子数一样多呢？"有的幼儿说"再添上一把椅子"，有的说"去掉一个小朋友"，并根据幼儿想的办法再一次做游戏进行验证、表达："5 添上 1 是 6，6 去掉 1 是 5。"通过这样的反复练习，幼儿亲自尝试，得出了一个个正确的结论。①

---

①　温寒江：《学习与思维——学习中思维的全面协调可持续发展》，85 页，北京，教育科学出版社，2010。

不难看出，通过游戏，幼儿理解了6比5多1，或5比6少1。这就说明，只要方法得当，我们能在知识的源头消除死记硬背。

小学生对数的认识，是抽象思维的起步。怎样让学生理解"数位""计算单位"？在过去的教学中，教师用教具一边操作一边讲，学生跟着一边看一边模仿着说，学生没有真正理解，只能机械记忆。马芯兰老师改变了这种学生被动听讲的教法，创设了"数位筒"教学法，每个学生都有数位筒(个位筒、十位筒、百位筒)。教师带着学生一边操作一边讲解，不断地提问学生。在反复的操作中，学生逐渐领悟了什么是个位、十位、百位，什么是计算单位。

语文学习从识字开始，教师要使学生把字的形(字形)、音(读音)和义(意义)结合起来，也就是通过联想，把三者结合起来，获得对字词的理解。比如，学习彩虹的七色，赤、橙、黄、绿、青、蓝、紫，如果不把这七种颜色展示给学生，他们就没有理解这些字，其结果就是死记硬背。

句子是思维的单位，也是人们表达思想的单位，是思维的起步。学生在开始学习句子时，既要从课文中学，更要结合生活实际，通过练习把句子说清楚、讲完整。小学生口语的内容，主要来源于生活。因此，观察、说话就是语言训练的起步。那种不重视观察的口语训练，是不切合儿童认知规律的。

特级教师于宪敏为我们提供了一个很好的经验。

对学生进行说话训练时，首先培养学生按照一定顺序观察、思考、叙述。老师先指导学生观察身边最熟悉的事物。例如，观察静物"小手绢"一课，上课时，老师在黑板上挂出一块小手绢，问学生："谁能说说这块手绢是什么样子的?"学生观察后，七嘴八舌，各抒己见，有的先说颜色，有的先说形状，有的先说手绢上的图案……老师肯定了他们的回答，但同时指出他们这样说显得乱些，怎样说能更清楚呢？学生产生了新的愿望，随即，老师指导他们按照一定顺序仔细观察，然后组织好自己的语言。按照以下问题，即"这块小手绢是什么做成的?""这块手绢是什么形状的?"让学生边看边用完整的话叙述。

一个学生回答："是用布做成的。"又一个学生说："这块手绢是用布做成的。"老师让学生对这两种回答做比较，让他们懂得后面的说法完整，别人听了明白，进而要求他们用这种方法回答第二个问题。学生不觉得困难，说出："这块手绢是正方形的。"为了培养学生创造性思维并丰富学生的词汇，老师进一步问："还能不能用不同的词语来说?"学生说："这块手绢是方方正正的。""这块手绢是四四方方的。"然后，老师要求学生把这两句话合并成一句话。学生经过观察思考，自己练习，做出如下回答，用不同的词汇表述了这个意思：

"小手绢是用布做的，是四四方方的。""小手绢是用布做的，是方方正正的。""小手绢是用布做的，是正方形的。""小手绢是花的。""小手绢是彩色的。""小手绢是花花绿绿的。""小手绢是五颜六色的。"学生用自己喜欢的词语说出。最后，老师让学生们按照这个顺序连贯起来，说出如下一段话："小手绢是用布做的，方方正正，五颜六色很好看。"这段话反映出学生按照顺序观察、思维，因而语言是连贯的，思维是有条理性的，这是学生可喜的进步。①

可见，注重理解，做好学习起步的思维训练，是可以在知识的源头杜绝死记硬背的。

二、形象化记忆与结构化记忆

我们把主要由抽象思维产生的知识称为抽象性知识或理论性知识，而把形象思维产生的知识，称为形象性知识。这两类知识的记忆方法也不同，形象性知识宜用形象化方法记忆，而理论性知识则宜用结构化方法记忆。我们的语言记忆与视觉记忆是分离的和独立的系统（实验证明见本章第三节）。美国南加州大学的吉尔福特（J. P. Guilfoud）发现，一个人语言流畅性的测验得分与图形流畅性的测验得分之间不具有相关性。②

(一)形象化记忆

形象化记忆是将一个完整的表象作为一个单位来记忆，这个形象（表象）可以是一个人的肖像，也可以是一个人的脸庞；可以是一棵树，或其中的一个细胞。形象记忆具有极大的容量。加拿大的佩维奥（Allen Paivio）曾在一个实验中证实了有关形象记忆的优越性。"实验结果表明，对图片的回忆比对那些抽象的语词的回忆要

---

① 参见谢嘉平、赵玉琦、王俊英：《小学语文教学新路》，57 页，北京，北京科学技术出版社，2002。
② ［美］托马斯·R. 布莱克斯利：《右脑与创造》，傅世侠、夏佩玉译，56 页，北京，北京大学出版社，1992。

强得多。一周之后，对于无意识地记忆的图片的回忆，其得分实际上比 5 分钟后即对有意识记忆的抽象词语所做的回忆还要强！有趣的是，比起抽象的词语来，对较具体语词的回忆大约占了 75%，原因很可能是那些具体的语词能唤起由它们所代表的一些事物的心理表象来。"①

　　文学作品的学习，要求学生逐字逐句地记忆是困难的，但是让学生通过再造想象，回忆文章中的场面、人物、故事情节的表象，就能很容易地记起文字的描写。因此，指导学生背诵课文时，就要让学生练习边读课文，边想象头脑中出现的景象，或画出文章中所描写的画面，或进行角色表演，这时的记忆不再是困难的、死记硬背的，而是一种生动的有情有景的记忆了。

　　科学知识有许多是用图形来表达的，图形内涵丰富，又容易记忆，如地图、生物图、工程图、工艺流程图。生物学中"花的结构"，通过一幅图就把花的各部分名称、作用表达清楚了，一目了然。读起来既好懂，也容易记，如图 5-2 所示。

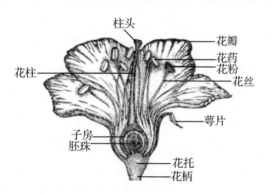

图 5-2　花的基本结构

　　住在北半球的人都知道夏天白天长，冬天白天短，只在春分、秋分时，昼夜一样长，为什么呢？许多人讲不清楚，所学的地理知识可能就是机械记忆。如果把地球在公转的轨道上受阳光照射的变化画出图来，如图 5-3 所示，或用多媒体演示出来，既好懂，也容易记忆。

---

　　① ［美］托马斯·R. 布莱克斯利：《右脑与创造》，傅世侠、夏佩玉译，57 页，北京，北京大学出版社，1992。

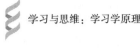

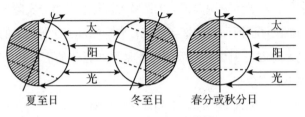

图 5-3　二分二至日照图

生活中有许多事情，用语言往往讲不清楚，若画一张图，则一目了然。例如，你要告诉朋友一个地址，说了一通话，他可能还不清楚。如果把地址用图画出来，他很容易就记住了。

人们在工作和生产活动中，有许多工作只能用形象来记忆，不能用语言来记忆。例如，运动员对运动技能的掌握，音乐家对乐音的辨别，中医通过望、闻、问、切做出诊断，养花工对香味的识别，等等。

(二)结构化记忆

至于科学理论知识，主要使用演绎推理与归纳推理，学科内容有纲有目，知识的结构性比较强，其记忆方法与形象性知识不同。一个结构性好的知识，如一个具有普遍性的定律、原理，一个涵盖面广的公式或一篇文章的提纲，既可以帮助学生抓住知识的要领和内在联系，以便于更好地理解所学知识；同时，这种提纲挈领的基本概念、定律、公式，又是人们保持、记忆所学知识的一种方法、一个工具。布鲁纳曾说："关于人类记忆，经过一个世纪的充分研究，我们能够说的最基本的东西也许就是，除非把一件件事情放进构造得很好的模式里面，否则就会忘记。"[1]

在马芯兰数学教学法中，构建知识结构是其一大特色：

我们在研究数学知识时，不能只停留在知识的本身，而是要揭示知识所蕴含的思维方法，以一定的思维方法为指导，构建知识，这样的知识是活的，有力量的。

为此，我从 540 多个概念中抓住十几个最基本、起决定作用的概念作为知识网络中的主概念，把它放在中心位置，以此来将其他概念统率起来，从而确立了知识

---

① [美]杰罗姆·S. 布鲁纳：《教育过程》，邵瑞珍译，16 页，北京，文化教育出版社，1982。

网络中的概念从属关系。

以小学数学中的应用题为例，我以应用题中的最基本的概念为基础，抓"数学问题结构"为主要内容，数学系统训练为重要手段，形成这部分知识的网络。

简单应用题，一般分为 11 种。我以最基本的概念为核心，把 11 种分成四块：最基本的概念为"和""乘法意义""同样多""差""倍"。通过建立这几个概念，让学生弄清有关应用题的数量关系，如图 5-4 所示。①

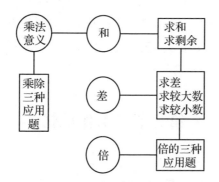

图 5-4　小学数学知识网络图

三、分散复习与集中复习

知识的记忆通常采用复习的方法，常用的方法有集中复习与分散复习。集中复习是指在一段时间内，将要记忆的材料连续反复学习多次，直到熟记为止。分散复习是将知识分散在几段间隔的时间中进行复习。很多实验证明，分散复习比集中复习的效果好。

"在一个实验中，让四年级的小学生反复阅读一首诗，甲组集中复习，乙组每日复习两次，直到记住为止。实验结果表明，分散复习优于集中复习。"如表 5-1 所示。②

---

① 马芯兰、温寒江等：《马芯兰小学数学能力的培养与实践》，13 页，济南，山东教育出版社，2000。
② 彭聃龄：《普通心理学》，225 页，北京，北京师范大学出版社，2001。

表 5-1　集中复习与分散复习的比较

次数	方式	
	集中复习	分散复习
准确呈现平均复习次数	18	7
错误的平均次数	9	4

　　需要指出的是，目前在中小学教学中，绝大多数都是采取当堂复习及当天完成巩固性作业，也就是采用集中复习的方法，很少指导学生有计划地进行分散复习，这是学生知识不巩固的一个重要原因。

第三节　工作记忆

　　脑科学研究表明，短时记忆具有储存信息和处理信息两种功能，工作记忆是一种对信息进行暂时加工和储存的能量有限的记忆系统。所以，短时记忆又被称为工作记忆，工作记忆突破了短时记忆储存信息的概念，在许多复杂的思维活动中起着重要作用。

　　多重记忆系统理论认为，记忆存在各种分离的记忆形式，工作记忆存在不同类的工作记忆。大脑皮层是由感觉通道组织起来的，不同的皮层部位支配着视觉、听觉、触觉等，这些事实证明视觉呈现的信息和听觉呈现的信息，具有不同的工作记忆。就视觉来说，言语的工作记忆和空间的工作记忆也是不同类的工作记忆。脑科学家史密斯(E. E. Smith)的"一个个案研究"[1]中，通过神经成像技术的实验，证明了对不同类信息存在不同的工作记忆。

　　实验用来测量脑活动的神经成像技术是 PET，其基本思想是让被试执行一个纯的言语任务或纯的空间任务，同时测量其脑活动。

　　我们知道，脑科学目前不能直接测量人类特定部位的神经活动。但是可以测量

---

　　[1]　参见[美]索拉索(Solso R. L.)：《21世纪的心理科学与脑科学》，朱滢、陈烜之等译，69~72页，北京，北京大学出版社，2002。

当执行一个特定任务时，哪个脑区的血流量增加。大家知道，脑区血流量的增加与神经活动的增大有线性关系。这样我们就可以得知各区域神经活动的增加情况。

实验让被试者躺在一个 PET 扫描器（PET scanner）中执行一个空间的或言语的工作记忆任务。在每一次空间任务的测试中，短暂地呈现三个点。被试者必须在 3 秒内记住这些点的位置，然后呈现一个探测圆圈，让被试者判断该探测圆圈是否通过其中的一个位置。在言语任务的每次测试中，短暂地呈现四个字母。被试者必须在 3 秒内记住这些字母的名字，然后呈现一个探测字母，让被试者判断该字母是否与前面某个字母相匹配。

如图 5-5 所示，两种工作记忆任务在统计上显著激活的脑区的两维概图。左图是空间记忆的图示，右图为言语记忆的图示。图中脑区的位置依照左—右、前—后的维度大致对应于它们在大脑中的位置。引人注意的是，在空间任务中，四个显著激活的点都在右半球；而在言语任务中，多数显著的激活都发生在左半球。

图 5-5　脑区的两维概图

实验结果表明：

空间任务中四个显著激活的区域都在右半球，言语任务多数显著激活的区域出现在左半球。可见，空间与言语工作记忆之间有一个区分，空间工作记忆的机制居于右半球，而言语工作记忆的机制则居于左半球，即对不同类信息存在性质不同的工作记忆。[1]

我们在第一章中曾谈到斯佩里的裂脑人实验，揭示了大脑两半球功能的不对称性和右半脑的许多较高级功能。30 多年后，上述史密斯的实验，又一次证明了空

---

[1]　［美］索拉索（Solso R. L.）：《21 世纪的心理科学与脑科学》，朱滢、陈烜之等译，69~72 页，北京，北京大学出版社，2002。

间与言语工作记忆之间有一个区分，空间工作记忆的机制居于右半球，而言语工作记忆则居于左半球。尽管现在人们一般都认为大脑两半球是协同工作的，但不能因此否认右半球具有较高级功能。

第四节　思维的基本法则

我们在《让青少年智力得到最佳发展——两种思维的智力基本理论》一书中，对工作记忆做过初步的研究，其中谈道："实验证明，工作记忆具有双重任务——储存信息和处理信息，突破了短时记忆原有仅为储存信息的概念……人们工作、学习和解决问题时，通常要弄清楚研究对象的特征和属性的关系，认识客体特定时间和空间的关系，分析客体间相互关系等，这些都要求在短时间内，大脑要注意集中地把与此相关的思维元素（词语、概念、图像等）加以汇集起来，按思维规则和思维方法进行加工。把知觉中的思维元素（文字、符号、图像等）和记忆中（长时记忆）的思维元素联系起来，进行思维加工的机制就是工作记忆。"[①]这项工作主要依靠人的工作记忆。下面，我们拟做进一步的研究。

一、文献资料摘要

◆乔治·米勒（George Miller）的著名论文《神奇的数字7±2》是一个很好的例子，这篇文章发表在1956年……法国先驱心理学家艾尔弗雷德·比内（Alfred Binet）那时已发现，人最多只能记住5~9个无关的数字……当我们研究人类记忆一些无关联的单词、数字、颜色、短语、音调及等级范畴时，结果都是如此。当然，我们能将无关的数字通过学习组成我们熟悉的组块，如1900，1914，1776。这时短时记忆的容量就

[①]　温寒江、陈爱苾：《让青少年智力得到最佳发展——两种思维的智力基本理论》，126~127页，北京，北京科学技术出版社，2006。

变成了 7±2 个组块。①

◆ 工作记忆是推理过程的核心，它是人们用加工来表征特定情境的机制。工作记忆的界限无疑是决定我们如何推理的一个主要问题。②

◆ 工作记忆必须把元素的汇集编码成与关系概念有关的特定角色，要保持合适的汇集，就需要注意控制，以防"串道"，串道会使个别元素的全同性和角色分派产生模糊。汇集必须是动力性的，以便在没有持续改变元素表征的情况下完成中介的计算。此外，还需要对情境中与作业无关的元素进行控制，防止它干扰与目标有关的元素的表征。③

◆ 富斯特（Fuster）认为，根据损毁研究、单细胞记录和电生理测量所汇集的证据表明，前额叶皮层有三种基本的功能：维持工作记忆中的元素的表征，以便对跨时间的关系信息进行加工；学习条件性偶然事件；抵制干扰。对猴的损毁实验研究表明，这些功能有各自的解剖学上的定位：背侧部支配工作记忆，对跨时间的非连续性关系进行编码；弓周围部位是学习与时距无关的条件性偶然事件的中枢；眶额部是减少干扰的关键。④

二、综述

工作记忆是思维的核心，人脑在认识活动中，把客观事物在一定时间、空间中的特征、属性等有关思维元素，适当地结合起来，进行思维加工的机制就是工作记忆。工作记忆必须遵循以下几点：一是工作记忆的容量是有限的，思维活动必须采取小步子；二是要注意集中，以维持工作记忆中思维元素的同一性；三是防止无关元素的干扰。以上被我们称为"思维基本法则"或"思维的工作记忆原理"。

---

① ［美］索拉索（Solso R. L.）：《21 世纪的心理科学与脑科学》，朱滢、陈烜之等译，7 页，北京，北京大学出版社，2002。

② ［美］M. S. Gazzaniga：《认知神经科学》，王甦、朱滢、沈政等译、校、审，644 页，上海，上海教育出版社，1998。

③ ［美］M. S. Gazzaniga：《认知神经科学》，王甦、朱滢、沈政等译、校、审，674 页，上海，上海教育出版社，1998

④ ［美］M. S. Gazzaniga：《认知神经科学》，王甦、朱滢、沈政等译、校、审，680 页，上海，上海教育出版社，1998。

三、诠释

下面是我们对思维基本法则的诠释。

(一)工作记忆是一个动态的操作系统(包括操作对象和操作方法)

思维的操作对象是客观事物在头脑中的表征，如语言、符号、表象以及外显知识，即要经过一定有意识的加工产生的知识。操作方法是指不需要进行有意回忆的那些知识(技能、思维方法、思维规律)。例如，小林、哥哥、走、的、了、早晨、昨天7个字词，经过语言法则的加工，成为一个意思完整的句子：小林的哥哥昨天早晨走了。其中7个字词是外显知识，语言法则是内隐知识(思维规律)。

(二)小步子

人的学习活动，无论是知识的获取或知识的表达与运用，都离不开思维，要以小步子为基础。句子、数字运算就是典型例子。

1. 句子

句子是人们表达思想的基本单位，人们通过工作记忆把有限的相关字词用语法组织在一起，然后表达出来。我们说话，想好一句，说一句，一句一句地说，这就是小步子。说话、写文章、作诗赋词都要遵守思维的基本法则。例如，"词"由长短句构成，最长的句子不超过9个字，超过了就分为两句。以毛泽东所作的词为例：

我失骄杨君失柳，杨柳轻飏直上重霄九……寂寞嫦娥舒广袖，万里长空且为忠魂舞。(《蝶恋花·答李淑一》)

词中有两句都是九言。当用了10个字时，就分为2句，例如：

山上山下，风展红旗如画。(《如梦令·元旦》)

神女应无恙，当惊世界殊。(《水调歌头·游泳》)

2. 运算

数学运算要用小步子。在四则运算中，两个整数相加，当个位数加个位数时，思维元素少，用心算可以直接得到结果。若两个多位数相加，思维元素多了，就要列出竖式，对准数位，用小步子分为几步，进行相加。这种小步子计算，学生不会感到困难。然而，用传统的方法解应用题，往往成了学习的难点。例如，初中学生初学代数，解应用题就是一个学习难点。难在哪里呢？就在于解题过程中，从假设、分析问题到列出代数式，中间思维元素多，顺序不清，步骤不具体。北京市第八中学的一位数学教师，用小步子的方法进行训练，效果很好，学生顺利地学会了解应用题。

　　题目：学校实习园地收了1800斤蔬菜，其中土豆是甜菜的5倍，白菜比甜菜多120斤，问每种蔬菜各收多少斤？

　　第一步，假设：因为土豆、白菜都同甜菜相比，所以设甜菜为 x 斤。

　　第二步，分析：①土豆收了 $5x$ 斤，白菜收了 $x+120$ 斤；

　　②等量关系，甜菜+土豆+白菜=1800。

　　第三步，列方程：$x+5x+(x+120)=1800$，

　　即 $7x+120=1800$。

　　第四步，解方程（略）

这个方法从假设到解方程，顺序清楚，步骤具体。步子小，学习也就不难了。熟练后，第二步分析技能已形成，可以略去。

（三）同一性

　　形式逻辑总结了千百年来人们进行推理活动的经验，形成了形式逻辑的基本规律。其中同一律的要求是，在思维的同一个过程中，必须保持一个概念的确定性和同一性，即 a=a；排中律的要求是，在思维的同一过程中，对于同一思维对象的两个相互矛盾的思想，不能模棱两可，要做出明确的回答。可以看出，基于工作记忆的思维基本法则，与逻辑基本定律的要求基本上是一致的。

（四）组块、迁移

　　工作记忆的容量是有限的，7±2 就是这个容量的数字表达。怎样扩大容量，成为提高学习质量和效率的关键问题。思维是感知觉和记忆的综合。这里的记忆是指长时记忆。在长时记忆中，表象、语言、知识等是经过一定的综合、概括了的，它们可以是一句话、一个场景、一个概念、一个公式、一条定律等。这些经过综合、

组块化的知识，以组块化的思维元素参与到工作记忆中，从而增大了工作记忆的容量。例如：

"赢"字是一个常用字，有17个笔画，如果按笔画来记忆是比较困难的，如果把它看作由5个部分"亡、口、月、贝、凡"构成，这5个部分又是我们所熟悉的，赢字则变成5个思维元素，一次就可以记住了。这就是由于已有知识(经验)把思维材料进行组块，增加了工作记忆的容量。我们识记汉字，采用偏旁部首的方法，就是这个道理。又如，一个手机号码为13609183469，如果1360也是你手机号码前四位数，918又可联想"九一八"事变，这个手机号码经过组块，变成6个思维元素，就容易记住了。下棋时，新棋手只能走一步看一步，而老棋手则能走一步就想到后继的几步棋。这是因为许多棋局，在老棋手的头脑里，由于经验丰富已形成组块了。学生练习写作也是这样，从会说一句完整的话，写一句完整的话，到能说几句话，写一小段话，再从写片段到写一篇短文。①

学习的迁移，就是运用组块的方法，把新的知识同有关的旧知识联系起来，旧知识组块得好，就增加了工作记忆的容量，使学习变得容易。一项学习任务，如果相关旧知识越多，学习则越容易。

(五)防止干扰

防止干扰即通常所谓一心不能两用，说明思考时必须注意力集中，在工作记忆的操作过程中，保持参与操作的思维元素同一性。

---

① 温寒江：《学习与思维——学习中思维的全面协调可持续发展》，95页，北京，教育科学出版社，2010。

第六章
思维与学习迁移

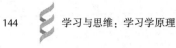

 **本章概述**

　　学习是一个长期的过程。自古以来，教育家、心理学家一直在探索学习过程的顺序。人们知道，学习是由浅入深，由已知到未知的。问题是，先前的学习经验对后来学习的作用，其内在机制是什么？一百多年来，心理学家提出多种学说，由于历史的局限性等，这些理论仅适用于某一方面的学习经验。我们根据两种思维的理念，提出了一个统一的学习迁移理论，即前后两种知识、技能(能力、习惯)若有共同的思维要素(思维材料、思维规律、思维方法)就能产生迁移，迁移是新旧知识、技能联系的机制。迁移是普遍存在的，由模仿到创造，从失败到成功，以至人类文明的发展，迁移都在起作用。两种思维的学习迁移理论，是提高教学质量和教学效率的有效途径。

第一节　迁移是一个关乎学习质量与效率的重要问题

学习是怎样进行的，最早对这个问题做出回答的是我国大教育家孔子，他说："温故而知新。""朱熹在《四书章句集注》中注曰：'故者，旧所闻。新者，今所得。'注释包括这样的意思：'故'是'新'的基础，'新'是'故'的发展。"①说明学习要在温习已有知识的基础上去探求新的知识、新的意义。

在学习过程中，学习迁移是关系到学习的可持续发展、学习质量与效率的一个重要问题。所谓学习迁移，"是指学生的学习经验对以后的学习产生影响及其将所学到知识应用于实践的心理活动过程"。② 一个多世纪以来，国外不同心理学流派从各自的哲学思想和学习理论出发，提出了多种迁移理论。这些理论对于当时学习的指导、教材的编写起到了积极的作用。但是由于历史的局限性，因此这些理论有的已过时，有的存在片面性，仅适用于学习的某一个方面的经验。

例如，美国心理学家布鲁纳在《教育过程》中较系统地阐述了他的迁移理论。③

◆经典的迁移问题的中心，与其说是单纯地掌握事实和技巧，不如说是教授和学习结构。

◆掌握事物的结构，就是以允许许多别的东西与它有意义地联系起来的方式去理解它。简单地说，学习结构就是学习事物是怎样相互关联的。

◆有效的迁移是原理和态度的迁移，用基本的和普遍的观念来不断地扩大和加深知识。

但是，实际上学生所学的知识，并不是都有好的知识结构，不是都具备"用基本的和普遍的观念来不断地扩大和加深知识"。例如：

学习语文，字词的学习就没有一定的结构或系统，语文教材的编写一般采用范

---

① 郭齐家：《中国教育思想史》，36 页，北京，教育科学出版社，1987。
② 中国大百科全书总编辑委员会：《中国大百科全书·心理学》，49 页，北京，中国大百科全书出版社，2002。
③ [美]杰罗姆·S. 布鲁纳：《教育过程》，邵瑞珍译，28~36 页，北京，文化教育出版社，1982。

文编选的方式，文章体裁、写作方式多种多样，文章之间一般没有一定的结构。又如，化学是一门自然科学，学生学习化学，先学各种元素的性质、元素间的化学反应、化合物的性质等知识。只有对元素的知识有了较多的积累并学习了物质结构知识以后，才能学习元素的周期律。这说明，学习化学是从没有一定结构的元素知识开始，而后才走向有结构的学习。

可见，学习结构的理论，虽然有一定的价值，但它是不全面的。我们再来看奥苏伯尔(D. P. Ausubel)的迁移理论。奥苏伯尔认为，一切有意义的学习都是在原有学习基础上产生的，一切有意义的学习必然包含迁移。他认为："学生原有认知结构的特征始终是影响新的学习与保持的关键因素。这些特征不是指前后两个学习课题在刺激和反应方面的相似程度，而是指学生在一定知识领域内的认知结构的组织特征，如清晰度、稳定性、概括性和包容性等。"①认知结构是指"个人在感知及理解客观现实的基础上，在头脑里形成的一种心理结构，它由个人过去的知识经验组成"。② 这说明认知结构是个人已有知识、经验的积累，是内涵广泛的一般概念。根据奥苏伯尔的迁移观点，迁移是通过认知结构的组织特征起作用的。显然，这种组织特征缺乏确定性和可操作性。

由于现有迁移理论存在局限性和片面性，学习过程中新旧知识(包括知识、经验、技能、能力等)内在联系的机制，仍然有待于进一步的研究。本章将从一个新的角度——思维入手，用思维全面性的理念来研究学习迁移的问题。

第二节　学习的迁移原理

一、知识的迁移

我们知道，知识的理解过程分为两步：第一步，把新知识和有关旧知识联系

---

① 陈琦、刘儒德：《当代教育心理学》，113 页，北京，北京师范大学出版社，1997。
② 朱智贤：《心理学大词典》，537 页，北京，北京师范大学出版社，1989。

起来；第二步，进行思维的加工。前者是思维材料，后者是思维方法。如果旧知识(经验)与新知识在思维材料或思维方法上没有任何联系，则旧知识对新知识不产生影响。如果有的旧知识(经验)作为思维材料或作为思维方法，参与了新知识的理解过程，这些相关旧知识会促进对(影响)新知识的理解。这种"参与"和"促进"的过程，就是迁移的过程。可见，如果没有有关旧知识的参与，学习是困难的，甚至是不可能的。有效的学习，总是以已有知识为基础去获取新知识。

思维有两个基本属性：

一是思维要有载体，即事物在头脑中的表征，如语言、符号、表象等；

二是表征是可操作的，以便人们进行推理并得出结论。因此，思维有三个要素，即思维材料(载体)、思维方法和思维规律(思维规律既是知识又是方法)。

因此，新旧两种知识、经验，若有共同的思维要素，就能产生迁移；若共同的思维要素越多，则迁移的程度越大，学习就越容易。

在知识的迁移中，我们要着重研究概括化知识和适用性强的知识迁移的特点。

(一)概括化知识

概括化知识是指知识经过分析、综合或类比、概括而形成的知识。这类知识一般具有外延广、涵盖面宽和适用性强的特点，如基本概念、原理、法则、定律等。

1. 基本概念

概念通常分为一般概念和基本概念，前者指具体的、外延小的概念，如书包、桌子等；后者指概括化、外延广的概念。如果某一基本概念与一般概念成为一种上下位的包容关系，则先前学习的基本概念，是后继学习的一般概念的基础，后继学习的知识成为基本概念的一个特例。学生学习的概念越是基本，则它对新问题的适用性就越宽广。因此，基本概念能产生广泛的迁移。

基本概念在理论知识中具有十分重要的地位，如小学数学中的和、差、倍等概念，中学数学的函数、方程等概念，化学中的元素、化合物等概念，哲学中的物质、存在、意识、精神等概念。例如：

小学数学"和"的概念统领着11类一步应用题的内在联系，因为"和"的概念的实质体现了部分和整体的关系。一个整体可以分为若干个部分，把若干个部分合并起来就是一个整体。如果我们把这个整体进行平均分，所得到的每一部分都是同样多，此时部分与整体的关系，就转化为"份"的关系，相同的每一份都叫作一"份"，因此"份"成为部分与整体的一种特殊形式。如果把部分与整体的关系量化，并把两个数量进行比较，这时部分与整体的关系转化为大小数的关系；如果把前面部分与整体的特殊形式"份"，转换为两种数量的比较，又形成了有关"倍"的概念。于是"和"的概念，统率着部分、整体的关系，大小数关系，"份"的关系和"倍"的关系，成为大小数概念，"份""倍"等基本概念的中心概念，成为解 11 类一步应用题的纲。①

2. 原理、法则、定律

原理、法则、定律是人们深入认识客观世界所获得的规律性知识，是人们认识同类事物的思维方法。掌握客观规律也是人们认识事物的思维规律。我们学习原理、法则、定律，仅仅作为知识来掌握是不够的，重要的在于将其中知识、思维方法运用到同类事物中去，因为它是研究同一类事物思维方法的概括。所以原理、法则、定律能产生广泛的迁移。我们学习了牛顿的力学定律，就可将其中阐明的方法（思维方法）运用到动力学同类的问题中去。美国心理学家贾德（C. H. Judd）测验击中水中目标的实验，其中经过折射原理训练的那一组，之所以能取得较好的成绩，是由于他们把折射原理运用到具体的情境中去。

3. 典型

典型是一种科学概括的方法，由于同一类事物有共同的本质属性，采用典型的方法，就是用相同的思维方法去研究同一类事物。例如，学习哺乳动物，讲解其中一个典型——家兔，这种研究所获得的知识和方法，就可以迁移到对其他哺乳动物的学习中去。

（二）适用性强的知识

在知识爆炸的时代，一个人不可能学习所有知识。正如庄子所说："吾生也有涯，而知也无涯。以有涯随无涯，殆已。"（《庄子·养生主》）教育正确的选择

---

① 参见温寒江、陈立华、魏淑娟：《小学教学两种思维结合学习论——马芯兰教学法的研究与实践》，41~44 页，北京，教育科学出版社，2016。

是学习适用性强的知识，也就是掌握能产生广泛迁移的知识。以有限去驾驭无限。

字词的学习就是一个典型的例子。教育部发布的《中国语言生活状况报告（2005）》中提出，"报告对包括本报（北京日报）在内的平面媒体、有声媒体、网络媒体的语料调查分析研究后发现，在过去的一年，汉字出现 7 亿多次，媒体用了汉字 8225 个。平面媒体、有声媒体和网络媒体共用的汉字是 5607 个"，"其中 581 个汉字就可以覆盖语料的 80%，就可以读懂媒体文字的 80%，当覆盖率达到 90% 的时候，只需 934 个字。当覆盖率达到 99% 的时候，需要 2315 个字"[1]。这就是说，认识 900 多个汉字就能基本上读书看报，而当认识 2300 多个汉字就可以比较流畅地读书看报了。这些常用汉字也是适用性强的汉字，也就是能产生广泛迁移的字词。

又如学习音乐，音乐的旋律、节奏、节拍、速度、力度、音色等是音乐的要素，是音乐思维的材料，对音乐这些要素如果了解得越多，对音乐的体会也就越深刻，这也是以有限去把握无限的方法。

二、技能和能力的迁移

（一）技能

技能是人们在认识活动中，外界信息经感官活动内化为思维，或思维活动及其结果通过感官活动表达出来的活动方式、方法。技能具有两个特点：其一，技能一般由人体外部动作（感官、肌肉、骨骼）和内部智力活动（思维活动）两部分构成；其二，技能要通过多次练习才能形成。下面，我们以阅读、计算、体育运动（跳水）为例，研究技能是怎样迁移的。

1. 阅读

阅读技能包括识字，阅读句子、段、篇的技能。阅读技能的迁移包括以下几个方面。

---

[1]　国家语言文字工作委员会：《中国语言生活状况报告》，载《北京日报》，2006-05-23。

一是识字。阅读从识字开始，识字就是把字的形（字形）、音（读音）、义（意义）结合起来，这就是识字技能。

二是读句子。要读懂句子，先要理解句子中各个字词的意思，即要有识字的技能，而后运用语言的思维法则把字词组织起来，进行判断、推理或联想、想象，才能理解句子的意思，这就是读句子的技能。可见，读句子的技能包含了识字的技能，换句话说，识字的技能促进了读句子的技能的形成。

三是段的阅读。段由句子构成。要理解段的意思，先要了解每个句子的意思，然后加以归纳或想象。可见，段的阅读技能包括读句子的技能，也就是说读句子的技能，促进了段的阅读技能，即读句子的技能的迁移。

四是阅读（全文）。文章由若干段构成。要掌握文章的全篇内容，要先理解各段的意思，然后进行归纳、综合，掌握全文的意思。阅读全篇的技能包含阅读段的技能，也就是说，先前阅读段的技能，促进了全文阅读的技能的形成。

以上就是阅读技能的迁移。

2. 计算

加、减、乘、除是人们对数量关系进行分析、综合的基本技能，也是对数量关系进行分析、综合的具体思维方法。

整数的加、减是计算技能的起点。计算技能是逐步发展的：从 10 以内加减的技能到 20 以内进位加法、退位减法的技能再到 100 以内加法、减法的技能……其中，10 以内加减的技能促进 20 以内加减的技能的形成，20 以内加减的技能又促进 100 以内加减的技能的形成。技能每发展一步，都包含着先前有关技能，是先前已知有关技能向新技能的迁移。

3. 运动技术

人类的运动技能也是这样的。以跳水为例，跳水的基本动作有抱膝、屈体、直体、翻腾、转体等。5255B 是难度极高的跳水技术，从 10 米台原地起跳落到水中约 1.45 秒，在这一瞬间，运动员要完成"向后翻滚两周半转体两周半屈体"这个难度系数高达 3.8 的动作。这个高难动作绝非在短时间内能够完成的，而是用了几年甚至十几年刻苦练习而得到的。它是由抱膝、屈体、直体及翻滚、转体分别练习逐步综合而成。技术每前进一步，都要综合先前有关技能，这项难度极高的技术，就是先前有关技能长期训练积累、迁移的成果。

我们知道，一定的技能是同一定的思维方法联系着的。例如，识字技能是同字的形、音、义的联想联系着的，读句子的技能，既有识字的联想，又有语法的运用和判断、推理、想象；数的加、减、乘、除又同一整套数量关系分析、综合的思维方法相联系；跳水的翻腾是同头脑中以身体横轴表象的旋转联系着的；等等。

由于熟练的技能是一种内隐记忆，人们常常忽视技能活动中所隐含的思维活动。比如：学生在学校中学习使用化学仪器的基本技能，如正确地持拿试管，使用烧杯，学生很快就能学会，好像纯属一种动作。其实，这是学生在幼儿时学会拿碗、取杯子等技能迁移的结果。幼儿学会端碗、拿杯子，是经过长时间的练习才习得的。儿童伸手去拿碗，手要接近目标，就要不断地获得手与碗的目标与距离的反馈信息。手还要协调手腕、手指的关节、肌肉的活动，才能正确地拿着碗。

这种在反复练习中获得的目标反馈信息，以及手腕、手指许多肌肉群的协调，就是大脑中的视觉表象和动觉表象不断加工、整合的结果，也就是形象思维加工的结果。

在认识活动中，技能是活动的方式、方法，是一个过程，知识是活动的结果，二者是有区别的，是相对独立的。技能作为活动的方式，可以运用到学习其他学科的知识中去。例如，在语文学习中形成的阅读技能，可以运用到不同学科的知识阅读中去。在学习整数中形成的四则运算(加、减、乘、除)可以运用到分数、小数、代数的运算中去。在这里技能产生了普遍的迁移。可见，技能的迁移具有以下几个特点：

其一，一种新技能的形成，都是由一系列已知同类技能整合而成的，即有关旧技能促进了新技能的形成。

其二，在技能迁移的过程中，一定的技能是同一定的思维方法联系着的。

其三，技能形成以后，是一种内隐记忆，思维活动不为人们所察觉。

(二)能力

能力是一种顺利地或高质量地完成获取知识和运用知识的个性心理特征。同属一类认识活动的能力和技能，其迁移的程度是不同的。技能是一种照着一定程序方法按部就班的活动，能力则具有灵活的、举一反三的特点。技能是基础，能力是技能高水平的综合。

学生在学习一个问题以后，只能照着教师讲的或书中的例子去解相似的问题，这是一种技能水平。技能是一种有限的迁移。如果学生对所学的知识能举一反三，触类旁通，学了一个问题，就能解决一类问题，能一题多解，这个学生就有了解题的能力，能力就会产生广泛的迁移。

技能是能力的基础，技能又要通过思维的灵活训练，才能形成能力。我们之所以重视能力，既是为了高质量地获取知识和运用知识，也是为了促进能力产生广泛的迁移。前者是质量问题，后者是效率问题。我们抓学习的能力，就是要使学习做到又好又快。这就是能力及其迁移的意义。

(三)习惯的养成

习惯是"由于重复或多次练习而巩固下来并变成需要的行动方式"（见《辞海》第7版）。习惯是一种特殊的技能，但与技能又有所不同。技能通过有意识反复的训练而形成，而习惯并不一定都是有意识练习的结果。由习惯是一种技能，技能是形成习惯的基础。因此，两种行为习惯，若有相同的技能，则能产生迁移。例如，学生在一种学科学习中，有书写作业认真、整洁的习惯，就能迁移到其他学科的作业中去。

上面的分析表明，技能的迁移存在以下两种情况：

第一，技能形成过程中，已有同类技能有关部分参与到新技能的形成中去；

第二，技能形成以后，在知识的获取和运用过程中，技能则作为同一的活动方式、方法，运用到不同的知识中去。

可见，技能、能力的迁移，是技能的活动方式、方法的迁移，也就是思维方式、方法的迁移。前后两种同类技能、能力若具有共同的思维方式、方法（思维方法、思维规律），就能产生迁移。若共同的思维方式、方法越多，就越容易产生迁移。

三、兴趣、情感、信心的迁移

前后两种学习情境的影响，除了主要有知识、技能、能力、习惯等的迁移外，与学习活动相伴随的兴趣、情感、信心等，也能产生迁移。

(一)兴趣

兴趣是人的认识需要的一种情绪表现,伴随认识(学习)活动发展起来。兴趣是经常推动认识活动的机制,促使人以巨大的热情和积极性,投入到了解、探究感兴趣的活动中去。

兴趣可以迁移。教师讲述科学家、发明家探索自然奥秘时的生动感人的事迹,会激起学生学习自然科学的兴趣和热情。数学家陈景润,就是在中学时听教师讲"哥德巴赫猜想"的故事,激励着他一生孜孜不倦地从事这个问题的研究,从而得到了公认的结果。课外活动可以培养和促进学生课内学习的兴趣。有的学生爱好无线电,需要有阅读科技书籍的能力,因而促进了他学习语文的兴趣;有的学生参加航模小组,制作模型要用数学知识,这培养了他学习数学的兴趣。

(二)情感

认识是主体对客观世界的反映,情感是主体对客观事物的态度的体验。情感与认识不同,但两者又密切相关。情感由事物是否满足人的需要而产生,它渗透在人的一切活动之中,是伴随着认识一起出现的,并且和认识交织在一起。

情感的产生来自实践,在实践活动中对某种情境的感知而产生情绪体验,例如:

登山则情满于山,临海则意溢于海。(《文心雕龙·神思》)

这种在实践中产生的情绪体验,以高兴、欢乐、热爱、悲哀、愤怒、恐惧等形式表现出来。人们在阅读文学作品,欣赏音乐、美术作品和听故事、看电影时,虽然没有直接接触这些艺术作品中的情境,但生动的语言、鲜明的画面、优美的旋律,能引起人们的形象思维,进行丰富的联想和想象,引起自己经历过的有关情感体验,与作者产生情感上的共鸣,从而领会了作品的思想情感。这就是情感的迁移。

(三)信心

信心是一种意志力,是学习中不断克服困难、继续前进的动力。在学习活动中,每一位学生都有优点和长处,教师要及时发现学生在学习方法上、态度上和学习成果上的进步，及时给予肯定、赞许和表扬，以激励他们的自尊心和上进心。即使一个学习差的学生，在他的身上也同样有他的"闪光点"，挖掘他身上的"闪光点"，能够照亮他学习前进的道路。一次在学习中迸发出来的火光，就会成为下次学习的力量，这就是信心的迁移。

以上我们阐述了迁移的正面积极的作用，是迁移的主要作用。但是，两种学习情境之间也存在负面消极的作用，也存在零迁移。

例如，人在小时候习得的方言对他后来学习普通话有一定干扰作用，即说话有口音，所谓乡音未改，就是一种负迁移。日常生活中的一些经验知识，对后来学习科学知识也会产生干扰，也是负迁移。又如，学生在学习知识时囫囵吞枣，死记硬背，不会运用，这种知识就是零迁移。

四、学习的迁移原理

综上所述，两种思维的学习迁移是指先前的学习经验(知识、技能、能力等)对以后的学习产生影响和作用，它主要是通过思维活动而实现的。主要内涵如下：

在学习活动中，迁移是普遍存在的，迁移是人们认识活动、创造活动的基础。

前后两种知识、经验若有共同思维要素(思维材料、思维方法)，就能产生迁移；若共同思维要素越多，则迁移程度越大。

前后两种同类技能、能力，若有共同的思维方法、方式，就能产生迁移；若共同的思维方法、方式越多，就越容易迁移。

与学习活动相伴随的兴趣、情感、信心也能产生迁移。

迁移根据其作用，可分为正迁移、负迁移和零迁移。

以上学习的迁移理论，被我们称为"学习的迁移原理"。

第三节　学习迁移原理的特点

一、全面性

迁移在认识领域中是普遍存在的，对于这一点，心理学界的认识是一致的。但是如何阐明各种迁移的产生，仍然没有一个统一的理论。美国的学者把知识分为陈述性知识、程序性知识和策略性知识，对应这三种知识目前就存在三种不同的迁移理论。能否找到一个统一的迁移理论，仍是心理学界所关注的问题。我们借鉴已有迁移理论的有益经验，根据脑科学的新成果，运用两种思维的理念进行了新的探索，重新研究了知识、技能、能力以及习惯的迁移。我们认为，迁移过程的实质是已有相关知识(经验)作为思维材料或思维方法，参与获取新知识(经验)的思维加工过程，促进了对新知识(经验)的学习，因此，前后两种学习情境中，如果具有共同的思维要素，则能产生迁移。

我们的研究还表明，对于知识的理解和运用，技能、能力的形成和运用以及习惯的养成，思维都起着关键的作用。于是，两种学习情境，无论是知识、技能、能力(相当于陈述性知识、程序性知识和策略性知识)，若有共同的思维要素，都能产生迁移。思维的迁移理论涵盖了学习活动的各个方面，所以具有全面性。

形式教育说与实质教育说之争是各派迁移理论不一致的焦点。当代，这两种教育理论之争，似乎不太突出了，但是它的影响依然存在，举例如下：

第一，20世纪50年代末，美国进行课程改革运动，《教育过程》是布鲁纳在伍兹霍尔召开的课程改革会议上的总结。文中说："近二十年的全部实验证据已经表明，虽然原始的形式训练理论是拙劣地依据官能训练来说明的，但适当的学习能造成大量普遍的迁移，甚至达到如此程度，即在最适宜条件下恰当地学习可使人'学会怎样学习'，这确实是事实。"①从上述论述中，我们不难看到形式教育说的影响。

第二，"计算机在学校教育中出现后，许多对形式训练说持同情态度的学者认为，他们找到了当代训练思维推理的最好工具——计算机。许多人想通过计算机训练达到普遍迁移的目的。"②

第三，在语文教学中，教学大纲中的一个基本观点是"在发展语言能力的同时，发展思维能力"。这是一种实质教育说的观点。它表现在重讲轻练，重语文知识学习轻语文思维训练。

形式教育说与实质教育说之争，从教学内容(课程、教材)来说，就是重人的智力、智能的发展与重有益知识、实用知识的学习之争。这项争论已持续了二百多年，问题的关键何在？如果从一个深层次，即思维的层次来分析，不难找到问题的真谛。

两种思维的理论认为，无论是智力、智能的发展，或知识的理解和运用，其核心都是思维。一切思维活动都是人脑对客观事物在脑中的表征(思维载体)进行加工的过程，都离不开思维材料和思维方法，二者是共生的。形式教育重智力、智能的训练，也就是重思维方法的训练。而实质教育重有用知识的学习，就是重思维材料的掌握。其实，二者不可偏废。这不是很明白的吗？

思维材料和思维方法是相辅相成、相互促进的。小学生从字词学习(积累)中形成阅读的技能。没有字词学习，不掌握一定量的汉字，就没有读写能力。微积分学的创建，是科学认识方法从宏观到微观的重大突破，为此牛顿耗费了极大的精力。然而，方法上的突破，是以一定知识的积累为前提，如果没有基本运算、代数、几何知识(包括方法)的积累，微积分理论是难以产生的。20 世纪 50 年代美国课程改革的失败，就在于改革者只重视基本概念、原理、态度的学习，而忽视了常用的实用知识的掌握。那些期望通过计算机的训练达到普遍迁移的人，他们不了解如果没有对知识的理解和掌握，则计算机的训练也就成为打字机了。孔子说："学而不思则罔，思而不学则殆。"其意思为：学习时若不积极思考，学了也没有用处，如果思维不以学习为基础，就会流于空想，而那是有害的。孔子在两千多年前阐述

---

① [美]杰罗姆·S. 布鲁纳：《教育过程》，邵瑞珍译，4 页，北京，文化教育出版社，1982。
② 皮连生：《智育心理学》，219 页，北京，人民教育出版社，1996。

的学与思的关系，其实质是思维材料与思维方法的关系。

所以，思维的迁移理论是全面的、辩证的。

二、可操作性

迁移是通过思维实现的，要了解两种学习情境的迁移，关键在于判明有无共同的思维要素。

第一，从知识层面来说，一般知识、常用知识属于思维材料，只有概括化知识，既是思维材料又是思维方法，需要做具体分析。例如，杠杆原理包括支点、动力、阻力、动力臂、阻力臂等知识，而原理的运用，即动力×动力臂＝阻力×阻力臂，含有规律和思维方法。

第二，从技能层面来说，一般要分为两种情况，一种是新技能形成中，已有技能以相关部分参与新技能的形成；另一种是将已形成的技能运用到不同知识中去。只有前一种情况需要分析新、旧两种技能具有的共同的思维方式、方法。

第三，从思维方法层面来说，思维方法就是思维的操作方法。要正确掌握思维方法，首先要分清思维的基本类型，即抽象思维、形象思维及其主要思维方法；其次要了解学科特殊思维方法，即由学科自身研究对象的特点而形成的一套具体思维方法。无论两种思维的一般方法，或学科特殊的具体方法，都是有限的。

因此，思维的迁移理论，是可操作的。

第四节　学习迁移的意义

一、迁移是普遍存在的，它是人的认识活动和创造活动的基础

人类认识自然、改变自然的活动，是从制造工具开始的，这是人和动物的分水岭。人类最早的工具是石器，石器的打造，由粗糙到精细，由单一到多样，经历了

漫长的年代。举例来说，北京猿人（直立人）的早期石器（距今 70 万年到 40 万年前），制造粗糙，形态不一，刃缘不平齐，如图 6-1 所示。

图 6-1　北京猿人的早期石器

丁村人（早期智人）距今 12 万年到 10 万年前，其石器被加工成三棱尖状器，有锋利的尖头，如图 6-2 所示。

图 6-2　丁村遗址出土三棱尖状石器

前后两图中石器的改进，经历了 30 万～40 万年。在这漫长岁月中，人类打造石器的经验一点一滴地积累起来，经过一代人或几代人，把经验推进了小小的一步。每前进一小步，都是已有经验的迁移。由打造石器到制陶技术，再到冶炼技术，经验积累多了，技术改进的步子也加大了。不难设想，如果没有迁移的发生，没有一点一滴的积累和一步又一步的改进，人类将永远过着茹毛饮血的生活。

就是到了科学技术发达的时代，科学发现也是"站在巨人的肩膀上"产生的。

牛顿万有引力的发现，就是集伽利略、开普勒等一批科学家研究成果之大成。没有法拉第的磁力线图像，便没有麦克斯韦的电磁场理论。可见，科学发现、创造发明也是在已有知识(经验)中产生，也是一种迁移，不同的是，它是一种新颖的、创造性的迁移。

要创新，难免会失败，"失败是成功之母"。在失败中总结经验教训，吸取其中成功的因素，就是成功之"母"。在多次失败中，不断增大成功之"母"，最后达到成功。这成功之母，就是从失败到成功的共同因素(思维要素)，所以，从失败到成功是一种迁移。例如，19世纪末，意大利年轻的无线电通信发明者马可尼就是这样走出一条创造发明之路的。马可尼阅读了所有能找到的有关电这一新领域的各种资料，进行了各种各样的实验。失败了，再实验，马可尼每一次都耐心地观察和记录，哪些是有效的，哪些是不起作用的，一步一步地改进，不断地提高发送能力，接收机从自己家楼顶的一端到另一端，从楼顶到楼下，由他哥哥捧着接收机，每天走到越来越远的地方，从田野到山丘，从这个山丘到那个山丘。经过苦苦求索，他终于成功了。

这是一个典型的知识(经验)的迁移。

二、迁移是新旧知识联系的内在机制

学习是一个长期的发展过程。前后两种学习情境(知识、技能、能力等)，若能不断地产生迁移，则知识、技能、能力就能不断地产生新的增长点，使学习得到可持续的发展。迁移成为学习过程循序渐进的内在机制，即新旧知识内在联系的机制。

自古以来，教育家、心理学家一直在探索学习发展的顺序。

在古代，教育家已知道学习的过程是从已有知识(经验)中去获得新知识。孔子的"温故而知新"，就是这一思想的精辟论述。旧知识如何影响新知识，以迁移的理论研究两种学习情境之间的影响，其实质是探索学习发展的顺序。但由于各派理论只从学习的某一个方面或角度来诠释迁移的产生，因此其理论虽然对学习内容、教材编写产生影响，但科学的学习发展的顺序，仍未能得到解决。

教学理论把学习的"有序性"作为一个基本原则，认为"教学工作要结合学科的逻辑结构和受教育者的身心发展情况，有次序、有步骤地进行"[1]。这项原则较好地概括了已有经验。但学习顺序的问题是否得到了解决？下面我们对这一原则做粗略的分析。

（一）学科的逻辑结构

我们认为，不是所有的学科都有严密的逻辑结构。例如，文章是由句子构成的，句子的结构(句法)是约定俗成的，不是逻辑结构。文学作品主要用形象来思维，是通过艺术形象，如人物、景物、情节进行思维的，而不是逻辑推理。音乐思维"是以乐音的运动形式进行的形象思维，它以独特的听觉思维方式，运用音高、节奏、旋律、音色、和声等基本要素来表达作者对美的本质的领悟和情感体验"[2]。这些视觉的、听觉的还有触觉的形象(表象)来源于生活，来源于客观世界在头脑中的反映，而不是来源于逻辑思维。

化学是一门自然科学，化学教材有一定的逻辑结构，它是一种归纳逻辑。学生只有掌握了大量关于元素、化合物及其相互关系的知识，才能形成一定规律性的认识，如元素周期律就是由原子核外电子排布的周期性、元素主要化合价的周期性变化等知识而归纳得到的结果。

可见，把学习内容归纳为掌握学科的逻辑结构，是不完全的。根据迁移的产生，我们把知识分为以下几个方面，如图6-3所示。

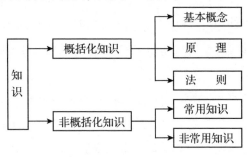

图6-3　知识的分类

---

① 李秉德：《教学论》，89页，北京，人民教育出版社，1991。
② 吴文漪：《思维·情感与音乐教学》，44页，北京，北京科学技术出版社，2002。

其中，概括化知识、常用知识能产生广泛迁移。有的学科以概括化知识为主，如数学、物理等；有的学科则以常用知识为主，如语文、外语；有的学科既有概括化的知识，又有常用知识，如化学、地理。

（二）学科的迁移特点

学习的心理发展，其基础是智力发展，思维是智力的核心，根据迁移的广泛产生，思维方法可分为以下几个方面，如图6-4所示。

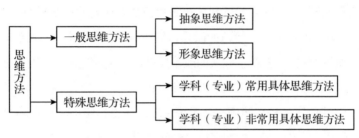

图6-4 思维方法的分类

其中，一般思维方法和学科常用的具体思维方法都能产生广泛的迁移，而现有的理论忽视了形象思维及学科常用的具体思维方法。

所以，从学习的迁移来说，上述"有序性原则"是不完善的。目前教学中存在的种种学习难点，其原因主要是学习未能有效地迁移，学习没有科学的顺序。

什么是"学习的顺序"？我们用两种思维的理念，根据学科的特点，在概括性知识、常用性知识和相应思维方法系列中，保持前后两种学习情境有共同的思维要素，就能使学习得到有序的发展。通俗地说，"学习的顺序"就是从已知到未知，从易到难，由浅到深。这种使学习不断地延伸、演绎、深入、融合的"生长点"，就是前后两种学习中共同的思维要素。

不同学科迁移的特点是不同的。以概括化知识为主的学科有较好的知识结构（逻辑结构），知识基本上是连贯的，前后所学的知识能产生迁移，如数学；而以非概括化知识为主的学科，知识是不连贯的，其知识的迁移，为已学相关知识对新知识的迁移，如语文。语文教材采用名家名篇的选编，前后课文没有内在逻辑结构，学习课文是运用已学的常用字词、基本句式和阅读技能（思维方法）的迁移。

三、学习的迁移是提高教学质量、教学效率的重要途径

我们知道，在知识理解的过程中，把新知识和旧知识正确地结合起来，是关键的一步。人们已有知识、经验是十分广泛的。现在的问题为：如何确定与学习新知识有关的旧知识，换句话说，哪些是学习新知识所必需的旧知识。对于这个问题，现有教育理论没有完全解决，它直接影响到教育质量的提高。我们的思维学习迁移理论，明确提出新旧知识联系的机制是新旧知识要有共同的思维材料或思维方法、思维规律。解决好新旧知识(经验)的联系，是提高教育质量十分重要的问题。

学习迁移的原理，为教材、教法的改革提供了广阔的空间，正确充分地运用迁移原理，可以使学生学得又好又快。20 世纪 90 年代，北京市朝阳区"马芯兰数学教学法推广实验"中，各校实验班充分运用迁移的理论，使小学数学的学习既提高了质量，又缩短了学习时间，达到又好又快的效果。表 6-1 是北京市朝阳区白家庄小学实验班关于"万以内数的认识及加减法计算"的两个统计。

表 6-1　万以内数的认识和加减法计算实验班与对照班授课时数统计①

内容	实验班授课时数		对照班授课时数	
	新授课时数	训练课时数	新授课时数	训练课时数
10 以内数的认识及加减法	19	15	30	16
11~20 各数的认识	1	2	3	2
20 以内进位加法和退位减法	8	9	15	20
100 以内数的认识	4	6	9	1
100 以内加减法	5	16	18	3
万以内数的认识	6	6	8	4
万以内加减法	12	11	17	12
合计	55	65	100	58
	120		158	

① 资料来源：北京市朝阳区"马芯兰数学教学法推广实验研究"结题报告。

从表6-1中可以看出：在总课时数上，实验班为120节，对照班为158节，缩短了38节。

表 6-2　万以内数的认识及加减法计算成绩比较①

班级	N	ΣX	X	S	Z	P
实验班	77	7397	96.1	6.43	10.4	0.001
对照班	77	6598	85.7	11.34		

整数的认识与计算都是围绕着"数位""计数单位"而开展的有关知识。实验班在教学每一个新知识前，都要利用巩固前面所学有关知识的有利时机，使学生加深对"数位""计算单位"概念的理解，并在此基础上，通过对概念的延伸与扩展，来学习新知识。这种反复不断地对"数位""计数单位"概念的深刻认识，就为学生知识的迁移奠定了良好的基础。

---

① 资料来源：北京市朝阳区"马芯兰数学教学法推广实验研究"结题报告。

第三编　学　习

第七章
学习与人的发展

本章概述

　　学习是一个长期的过程。学习过程可分为学习的基本过程和学习的发展过程两部分，二者是相互联系的。前者是后者的基础，后者是前者的延续和发展。学习的基本过程原理揭示了思维、技能、知识是学习过程的三个基本要素，思维是它的核心，揭示了知与行的辩证统一和学习中的主客观关系。在人的发展中，培养和发展能力是学习的一个基本内容，是实现高质量教学的正确途径。能力发展的多元性和多层次性原理，从内容上揭示了能力的多元性、多样性；从发展方向上揭示了能力的多层次性，技能、能力、创新能力是能力的不同层次，思维是其内在联系的机制。

第一节　学习的基本过程

学习是一种认识活动，学习的基本过程是一种认识过程，它遵循认识过程的一般规律，即从感性认识上升到理性认识，再从理性认识到实践；学生的学习又有其特殊性，它是在教师的指导下，通过学习的认识活动，促进身心和谐地发展。

一、从感知到理解

学习活动从感知开始，外界客观事物的信息通过人的各种感官(眼、耳、鼻、舌、身)反映到大脑中来，这是直接感知；人们还可通过阅读、听等方式，间接获取信息，这是间接感知。丰富的感性材料是抽象思维和形象思维的基础。然而，从感性认识到理性认识，从感知到两种思维的形成，却各有其特点。

毛泽东在《实践论》中说："只有感觉的材料十分丰富(不是零碎不全)和合乎实际(不是错觉)，才能根据这样的材料造出正确的概念和理论来。"[①]从感知到抽象思维的形成有两个特点：一是针对这些丰富的材料，经过思维的作用，加以去粗取精，去伪存真，由此及彼，由表及里，最后形成了概念；二是到了理性阶段，运用概念来思维，思维过程是抽象的推理(判断、分析、归纳)，脱离了具体的、可感的东西。

形象思维的过程也有两个特点。一是可感性。感性阶段的感知觉具有可感性，这种可感性，有视觉的、听觉的、嗅觉的、味觉的、触觉的等，到了理性阶段，形象思维用表象来思维，同样具有可感性，这是因为表象和同类感知觉通道有共同的脑机制的缘故。正因为如此，人们在形象思维时，在头脑中往往呈现一幅幅画面，使人如闻其声，如见其人。二是质的飞跃。形象思维对表象的加工和积累，是对表象的分解、组合、修正、重组的过程，是从量变到质变的过程，它不同于抽象思维

---

① 《毛泽东著作选读(甲种本)》第 2 版，48 页，北京，人民出版社，1966。

的推理过程。当对表象的加工抓住了事物的基本属性、本质时，认识产生了质的飞跃，这就是形象思维的结果。

由于形象思维的可感性、具体性，有人认为形象思维是感性认识。其实，理性认识的实质，不在于思维的抽象性或形象性，而是思维揭示了事物的基本属性和本质，揭示了事物间规律性的联系。

例如，当人们深深地被文艺作品的典型（可感的、具体的）所感动时，就是人的审美认识和情感的升华，这种审美认识的升华，就是理性认识；又如，运动员经过反复练习获得了一种运动技能的特殊感觉，如游泳的水感、球类运动员的球感，这种在运动中形成的特殊感觉，已不是一般的感性认识，而是对运动技能的理性认识了。

二、学习的理解过程

学习的理解是学习理论的基本问题，不同的心理学派都用其基本观点来解释学习的理解，如行为主义心理学认为学习是一种联结，即刺激—反应联结，联结形成的主要方法是尝试错误；格式塔心理学认为学习是顿悟；建构主义心理学则认为学习是意义建构，建构成功即达到了意义的理解。

学习的理解过程，我们认为是通过对思维材料的加工实现的。"理解作为一个过程，是人们把对新知识（事物）的感知同已有相关知识（经验）联系起来，经过思维的加工，获得对新知识（事物）的特征、属性和本质及事物间规律性的联系的认识，也就是对事物意义的理解，属于理性认识。"[①]

学习理解的过程，可以分为以下三步。

第一步：要弄清学科中两种思维相结合过程的形式与特点，也就是明确学科中两种思维结合过程的模式，因为不同学科中两种思维相结合的特点、形式是不同的。这是思维加工的依据。

第二步：根据思维的学习迁移原理，把对新知识（事物）的感知和已有相关知

---

① 温寒江、陈爱苾：《让青少年智力得到最佳发展——两种思维的智力基本理论》，292~293页，北京，北京科学技术出版社，2006。

识、技能联系起来。这种新旧知识、技能的联系能否顺利地进行，关键在于教材、教法是否为这些相关知识、技能的迁移做准备。如果学习中思维的发展是全面的，知识、技能的发展是协调的，则学习中知识、技能的新旧联系就会比较顺利。

第三步：思维的加工。思维加工能否到位，达到对知识的理解：一方面要看新旧知识联系中有关旧知识、技能是否充分，以保证思维加工有足够的思维材料；另一方面，要遵循工作记忆原理，使思维加工有层次、有步骤、小步子地进行。

为什么思维加工能获得对事物的基本属性、本质的认识？思维的这种认识功能是思维的基本属性，是由大脑的机能决定的。人类在二百多万年漫长的历史进程中，通过打造工具、生产劳动和相互交往的活动，一点一点地积累着对认识自然和改变自然的认识，于是思维发生了，慢慢地发展了，人脑的容量增加了。现代人的脑容量平均为 1450 毫升，脑容量增长的同时，大脑皮层褶皱面积也在不断增加。如果把脑皮层剥离下来，并将它展平，它的面积大约相当于 4 张打印纸。黑猩猩的大脑皮层只有一张打印纸那么大，猴子的像明信片那么大，老鼠的只有一张普通邮票那么大。我们能获得对事物的基本属性和本质的认识，是因为人类祖先给我们留下了一个会思维的大脑，思维是人同动物的本质区别。由此可见，人的学习活动及其规律，只能从大脑的机能中获得解释，而不能从动物(如猫、黑猩猩)的活动中去获得解释。

三、从理解到实践

人们在实践活动中，需要把头脑中的知识、思维、情感表达出来，并加以运用，从而改变世界。这是一个从主观精神到客观世界的过程，是从理解到实践的过程。人们通过表达和问题解决，把理性认识应用到实践。

(一)表达

1. 语言的表达

抽象思维以语言作为它的物质外壳，虽然头脑中的思维语言与表达出来的口头语言或书面语言不尽相同，但是经过思考，某种思想、观点、概念一旦形成，这种思想、概念表达的语言同时也就产生了，所以，抽象思维同表达(语言、文字)具有直接性。

用语言文字来表达形象思维也是很普遍的。人们在观察的基础上，通过形象思维获得对事物的认识，知识是以表象（经验）储存在头脑中的，然后再经过语言的翻译，用语言的描写、叙述或说明的方式表达出来。但是，也存在一些表象，如一条曲线、一个不规则的立体图形、一个舞姿、一种复杂的心境等，这些表象是用语言难以表达的。

2. 艺术的表达

形象思维的艺术表达，有声有色、有境有情，是表达人的思想感情的好形式。这种方式主要有文学、绘画、音乐、舞蹈、雕塑、工艺品、建筑等。

从艺术认识到艺术表达是一个完整的过程。

关于这个过程的特点，清代画家郑板桥曾形象地描述道：

江馆清秋，晨起看竹，烟光、日影、露气，皆浮动于疏枝密叶之间。胸中勃勃遂有画意。其实胸中之竹，并不是眼中之竹也。因而磨墨展纸，落笔倏作变相，手中之竹，又不是胸中之竹也。①

这里"眼中之竹"是指画家对竹进行初步观察所得到的表象，是感性认识；"胸中之竹"是画家对竹进行深入的观察之后，对竹的表象（眼中之竹）进行加工改造所得到的形象，它反映了竹的基本特征和本质，是理性认识；而"手中之竹"则是画家通过手的精巧，运用工具和物质材料，将"胸中之竹"显现和表达出来，物化在纸上，这是一种实践性的活动。

3. 图像、形体等的表达

形象思维还可以用图形、图像以及人体的姿势、形态、动作表现出来。

（二）问题解决

所谓"问题"，是指人们在生产、科研、实践及生活中，遇到的一种未知的、未曾解决的情境或事件。问题包括认识问题和实践问题。问题解决是指通过智力、体力的努力，采取一定方式方法解决问题。问题的解决过程，一般包括发现问题、提出问题、收集资料、分析问题、解决问题。

———————

① 蔡仪：《美学原理》，256页，长沙，湖南人民出版社，1985。

关于问题解决的过程，杜威在《民本主义与教育》中，论述了教学过程的五个步骤，是最早关于问题解决过程的论述。

杜威认为：

第一，学生要有一个真实的经验的情境——要有一个对活动本身感兴趣的连续的活动；第二，在这个情境内部产生一个真实的问题，作为思维的刺激物；第三，学生要占有知识资料，从事必要的观察，以对付这个问题；第四，学生必须负责一步一步地展开自己所想出的解决问题的方法；第五，学生要有机会通过应用来检验自己的想法，使这些想法意义明确，并且去发现它们是否有效。①

英国心理学家沃勒斯（G. Wallas）在《思维的艺术》一书中，提出创造过程四阶段论。他说："无论哪一种创造活动，创造过程一般都必须经过四个阶段：准备期、酝酿期、明朗期、验证期。"②

问题解决的方式方法多种多样，既有一般的方法，也有创造性的方法。下面是几种主要方法。

1. 数学模型法

数学模型法是一种数学基本方法。它是指"在科学研究中成功地运用数学方法的关键，就在于针对所要研究的问题提炼出一个合适的数学模型，这个模型既能反映问题的本质，又能使问题得到必要的简化，以利于展开数学推导"。③ 一般有两类数学模型，一类是确定性模型，另一类是随机性模型。

在基础教育中，数理学科中的"应用题"，其实质是数学模型的雏形，它相当于问题解决过程中的"分析问题、解决问题"部分。如果把这些应用题的一部分，改变为由学生用数学方法自己去发现问题、提出问题、分析问题、解决问题，从而受到构建数学模型的训练，那将是一种很好的创造过程的思维训练。在应用题教学中，马芯兰数学教学法就是采用这种方法。她把应用题的学习分为 5 步：第一，教师创设问题情境；第二，让学生提出问题，进行编题训练；第三，通过思维训练，

①　参见王天一、夏之莲、朱美玉：《外国教育史》下册，159 页，北京，北京师范大学出版社，1985。

②　北京市科技干部局、北京继续教育协会：《创造学及其应用》，16 页，北京，科学普及出版社，1998。

③　中国大百科全书出版社编辑部：《中国大百科全书·哲学Ⅱ》，821~822 页，北京，中国大百科全书出版社，2002。

掌握问题结构的形式与特点；第四，指导学生有层次、小步子地分析问题；第五，解题，检查。

2. 科学实验法

科学实验法是人们为了研究预定目标，在人工控制的条件下观察、研究自然现象及其规律的一种科学方法。科学实验是近代自然科学发展的一种基本方法。在本书第三章第三节中，作为典型，我们概述了科学家们为了研究能量概念及其定律，进行了一百多年的科学实验与探索。在这项研究中，我们认为学习自然科学，应该重视科学实验，其学习过程要力求贴近科学家的实验研究过程，如图7-1所示。

问题（或问题情境）——→ 观察、实验 ——→ 积累数据 ——→ 提出假设——→
推理论证 ——→ 实践检验

图7-1　科学实验的研究过程

3. 创造性(研究性)学习法

中小学生能否进行创造性学习，我们的回答是肯定的。在《构建中小学创新教育体系》中，我们详细讨论了创造性学习方法，如探索法、发散思维训练法、想象法和直觉法等。

例如，北京育才学校小学部二年级的科学课"磁铁"，就是一堂生动活泼的探索课。

新课开始后，教师提出课题，并板书"磁铁"两字。进而提问学生："谁知道磁铁是什么？""它是哪个国家发明的？"使学生知道磁铁是我国古代发明的，渗透了爱国主义教育。以上活动仅用两三分钟。紧接着，教师出示各种形状的人工制造的磁铁，让学生像科学家那样根据它们的形状给其命名。教师把各种磁铁的名称写在黑板上，问学生："磁铁能吸什么？"问题提出后，写下板书"能吸什么？"与原来板书的"磁铁"二字相连，形成了一个完整课题。同时用幻灯映出两个问题："磁铁能吸什么？""磁铁的哪个部分吸引力最强？"接着发给学生第一套材料，让学生带着这些问题去分组动手实验探究。

课堂上顿时活跃起来，学生们都用自己手中的磁铁去吸盘子里的东西，一样一样地试，边操作，边观察，边议论。当一串东西都接连着被吸上来时，学生们高兴得哈哈大笑起来。

当学生把第一、第二个问题基本上弄清楚时，教师马上发第二套材料，同时用幻灯片显现出第三、第四个问题："隔着东西能吸上来吗？""隔着什么东西能吸？"

学生们又兴致勃勃地进行实验。实验一共进行了十几分钟，就进入了研讨活动，学生们相互交流自己在探究中获得的感性认识。你一言，我一语，互相启发，互相补充，互相纠正，发现矛盾，开展争论。

经过畅所欲言的研讨，学生们逐渐加深了对磁铁性质的认识，获得了科学的结论。探究得越深入，研讨得越充分，对磁铁性质的认识就越准确。在"探究—研讨"的整个过程中，学生的主体作用发挥得很充分，教师的主导作用尽在不言中。

为了让学生在获得知识和运用知识解决实际问题的过程中发展智力，提高能力，教师还设计了以下三个智力游戏。

①打捞沉船。在两桶水。里面分别放入用铁片做的小船，给每个学生一根棍、一截绳、一块磁铁。让他们利用这些材料打捞沉船，看谁能先打捞上来。

②铁砂搬家。给每组两袋铁砂、几块磁铁，让他们把铁砂从桌面上搬运到盒子里，看哪组搬运得快。

③走迷宫。在两块纸板上分别画好迷宫，每块纸板上放一个带磁铁的舞蹈小人，让学生用磁铁在纸板下吸引板上的小人走出迷宫。在游戏过程中，每两组分别进行比赛，看哪组小人先走出迷宫。

游戏一开始，学生们的情绪就出现了高涨。最后让优胜组给全班表演。在整节课上，学生们都处在积极学习的状态中，他们的各种感官都参与了学习活动。①

4. 社会调查法

社会调查是研究社会现象的一种常用方法。它运用一定技术对某一社会现象进行有目的、系统的资料收集和统计分析。常用的调查方法有观察、访问、问卷调查、开调查会等，调查的类型主要包括典型调查、个案调查、抽样调查、普查及网上调查等。

当前，在国家课程标准的引导下，在高中开设研究性学习课程，在不少初中及小学开展课外小组、兴趣小组，在自然、社会和生活中选择专题进行研究。不少中

---

① 参见温寒江、连瑞庆、江丕权：《思维的全面发展与中小学生创新能力培养》，269~270 页，北京，教育科学出版社，2015。

小学生走出校门，向社会调查，向群众学习，向生产实践学习。

第二节　学习的基本过程原理

一、学习是一种认识过程

学习是一种认识过程，早在 20 世纪，这个命题就由我国和苏联的学者根据马克思主义认识论提出来了。这是对学习原理的重大创新，在理论上和实践上都有重要意义。苏联教育家凯洛夫将教学过程分为感知—理解—巩固—运用四个阶段的观点，在我国得到广泛的运用。但是，需要指出的是，现有学习理论在论述这个重要命题时，是基于单一思维(抽象思维)的理论，对这个命题的认识是不全面的。由于忽视了形象思维，把技能分为动作技能和智力技能，没有阐明技能与认识的关系，也没有阐明技能与思维的关系。因此，对这个命题的运用受到了很大的局限。而且，现有理论不仅未能阐明艺术学科(音乐、美术)和体育运动的学习过程，就是论述语文、数学这些基础学科的学习过程，也是不全面的。例如，语文学习过程只讲分析、归纳，不讲联想、想象，使本来有情有景、情景交融、生动活泼的语文课，变成了枯燥乏味的分析课。数学课(如平面几何)只训练逻辑推理，不练习图形的识别与想象，把原来直观形象、有图有文、能激发学习兴趣的几何课，变成了抽象难懂的课。

两种思维的学习理论完善了学习的认识过程，认为技能是一种认识活动的方式方法。人们在认识活动中，将外界客观事物的信息经感官活动内化为思维，思维活动及其结果又通过感官活动表达出来，前者被称为"内化技能"，后者被称为"外化技能"。两种技能都是同思维联系着的。知识是技能的产物，当它作为内化技能的产物时，是头脑中主观形态的知识；当它作为外化技能的产物时，是物质化的知识。两种形态的知识都是同思维相联系的。

在学习过程中，技能和知识都同思维联系着，思维成为认识过程的中心。因此，学习的基本过程可以扼要地表述为：学习是一种认识过程，思维是这个过程的中心，技能(内化技能、外化技能)是它的两翼，知识是认识的主要结果。

这就是"学习的基本过程原理"，它具有丰富的内涵和重要意义。

二、学习的基本过程原理的内涵

(一)揭示了思维、技能、知识是学习过程的三个基本要素

人们根据现有教育理论，把基础知识、基本技能称为"双基"，学习的基本过程原理指出学习过程的要素是三个，而不是两个，即基本技能、基本思维(方法)和基础知识。

学习的基本过程是获取知识和运用知识的一个完整的过程，它是学习发展长期过程中的基本一环。在学习的发展过程中，学生的思维、技能、能力、记忆、情感、意志等都得到发展，其中能力是技能高水平的发展，情感是在认识活动中产生的情绪和体验，可见思维、技能、知识(经验)是能力、情感、意志发展的基础。抓"三基"，就是抓住了学习的纲。

(二)阐明了学习基本过程的顺序，理顺了思维、技能、知识三者的关系

长期以来，教育家一直在研究学习基本过程的顺序。大教育家孔子认为学习的过程主要是学、思、习、行。《中庸》里把学习过程理解为"博学之，审问之，慎思之，明辨之，笃行之"。德国的赫尔巴特以统觉来阐明学习过程，分为明了、联想、系统和方法四个阶段。苏联教育家凯洛夫把教学过程分为感知、理解、巩固和运用四个阶段。两种思维的学习理论，理顺了思维、技能、知识三者的关系，阐明了学习基本过程的顺序，如图 7-2 所示。

感知(客观世界) ⟶ 内化技能 ⟶ 思维及其结果(知识) ⟶
外化技能 ⟶ 知识(物质化的)

图 7-2 学习基本过程的顺序

学习的基本过程原理是学科教学过程模式的基础。例如，文艺学科的教学过程模式突出了观察、想象、体验等文艺学科的特点，完善了教学过程。

学习的基本过程原理弥补并完善了一些学科教学过程的重要环节，如语言、音乐的学习，要先会听，而后会说或唱。只有通过听觉的思维训练，听准了，才能说得准，唱得准。所以语文要重视拼音、语音的听觉训练，音乐要重视听觉训练。学习几何要先学会看图，要对几何基本图形进行视觉训练，而后才是证明。

(三)阐述了思维是学习过程的核心

思维是智力的核心，国内外不少心理学家对此都有论述。例如，朱智贤教授认为"抽象概括能力(逻辑思维能力)是智力的核心成分"[1]，就是从抽象思维的角度提出来的。我们认为思维应该是全面的，既有抽象思维，又有形象思维，这样才能使思维真正成为学习过程的核心。

思维是学习过程的核心，人的学习活动一刻也离不开思维，技能的训练及其形成，其实质是思维的训练过程，知识的理解、概念的形成是思维加工的结果，能力是技能高水平的综合，是通过思维综合、灵活的训练形成的。

(四)阐明了知与行的统一

学习从感性认识到理性认识，是获取、理解知识，是为"知"；从理性认识到实践，是运用知识，是为"行"。知与行是学习的统一过程，二者是不能分开的。

在人的认识(实践)的长河中，即认识—实践—再认识—再实践，如果我们从中取出一个环节，可能是由"知到行"，如数学分析，也可能是由"行到知"，如科学实验。可见，知和行是辩证的统一。

(五)科学地阐述了主客观关系

关于世界的本原，是先有物质，后有精神(意识)，还是先有精神(意识)，而后有物质，这是哲学的根本问题。主张先有物质后有精神的，是唯物主义，而认为先有精神而后有物质的，是唯心主义。

---

[1]　白学军：《智力心理学的研究进展》，4页，杭州，浙江人民出版社，1996。

我们是唯物主义者，学习的基本过程科学地阐述了学习的过程是客观—主观—客观，是从客观能动地到主观，再从主观能动地到客观，而技能（能力）就是连接主观和客观的"桥梁"。

第三节 学习的发展过程

一、学习与人的发展

世界上的一切事物都是运动、变化和发展的，人也不例外。学习是一个长期的、连续的过程。在这个过程中，不仅人的思维、技能（能力）、知识发展了，而且人的情感、意志、人格、身体也得到了发展。所以，学习的本质是人的身心和谐发展的过程。我们关于学习的研究，分为学习的基本过程和学习的发展过程两个部分，二者是相互联系的。前者是后者的基本环节，是基础，后者是前者的延续和发展。关于思维的发展，前面几章已有较详细的阐述，下面从以下两个方面对学习的发展做一般性的概述。

（一）情感和意志

1. 情感

人的情感是复杂而多样的，它是人对事物的态度和体验，是人的需要是否得到满足的一种反映。在社会实践中，人的认识活动产生的情感体验，主要为高级感情，它反映了一个人的精神面貌，包括以下三种。

（1）理智感

学习是一种求知、探索的认识活动。当个体观察到一种新奇的现象，听到一个生动有趣的故事，读到一种引人入胜的、透彻的分析、论证时，都能产生一种特殊的体验，就是对知识的兴趣、爱好、热爱之情，对真理的追求之情，这些都是理智感。这种情感在学习过程中产生，又反过来成为支持、推动学习的力量——学习的动力。

（2）道德感

道德感是社会生活中，人的思想行为符合社会道德要求而产生的情感体验。学生学习的内容蕴含丰富的道德情感，其中知和情是融合在一起的。例如，在文艺学科中，不论是一篇小说、一篇散文、一首诗，还是一幅美术作品、一首歌曲，作品中的每一个形象都凝结着作者的感情，有对祖国、对人民、对党的热爱，有对好人好事、英雄人物的赞扬，也有对敌人的憎恨，对丑恶现象的揭露与批判。作者这种饱满的情感，通过文章、作品的艺术形象，深深地感染和打动着学生的心弦。

（3）审美感

在学习中，同学习活动相伴随的，还有审美的思想观点和情感体验。审美感再现了大自然的美和社会生活的美。从春天的花朵、夏夜的繁星、秋天的田野、冬天的雪景，到城市中耸立的楼群、整洁的街道、奔驰的列车；从高炉旁奔流的铁水，到勤劳勇敢的人民；以及校园的一草一木。学生在学习活动时都会在美的熏陶感染中，不断地丰富自己的情感，学生不仅认识了事物的本质，而且把握了丰富多彩的感性世界。

2. 意志

意志是人的一种心理活动，它是人有意识、有目的地调节和支配自己行动的心理过程。人的意志表现在达到目的的过程中，克服障碍和困难，控制自己的努力程度，使自己的活动始终服从于目的和任务。学习是一种智力、体力活动，需要经过努力克服心理上或体力上一定的困难，才能完成学习任务。可见，如果没有人的意志，人们的学习和劳动都是不可思议的。

综上所述，在人的心理发展过程中，知、情、意三者是相互促进、相互渗透和相互影响的。知（认识活动）是情感和意志的基础，情感一旦产生又成为认知和意志的动力。因此，情感越丰富、越强烈，则学习更加勤奋，意志也更为坚强。

情感的丰富，意志品质的形成，是一个积累的过程，是一种由量变到质变的过程。情感丰富需要一点一滴地积累，像春雨一般润物细无声；同样，意志也要经历一次又一次的磨炼，要有铁杵磨成针的精神。这种积累和磨炼，往往能产生巨大的力量。

(二)知识和技能

知识的积累和情感意志不同，它是由已知到未知、由浅入深、由少到多的发展过程。在知识的发展进程中，逐步形成了各个领域的知识、概念、理论的结构和体系，学生学习的各门课程，就是各个学科知识体系的体现。

我们知道，在学习过程中，每次获得、理解一项知识，甚至一个字词，都是技能活动的结果。也就是说，每项知识的获得，都与相应的技能相联系，知识和技能是协调发展的。那么，当知识在学习中发展为一个系统或体系时，技能是什么样的呢？我们认为，技能也是一个系统或体系，它是与知识体系相协调的。例如，学生学习数学，掌握和、差、倍、份等概念和四则运算法则时，是与加、减、乘、除以及四则综合运算的技能相联系的；当学生学习文章，由掌握句子到掌握文章的段的结构时，是同段的构成的技能相联系的，而段的展开的技能，又可分为通过列举实例展开，通过时间、空间推移展开，通过因果关系展开，通过比较展开，通过总说、分说展开，以及通过定义与分类展开等技能。[①] 但是，由于诸多原因，人们普遍重结果、轻过程，重知识、轻技能，这个问题我们将在第八章中进行研究。

二、人的发展的核心内容是人的全面发展

人的发展是人与自然、人与社会和人自身和谐的发展，是人在社会实践基础上，人的生理因素、社会因素和心理因素的发展。既有知识、技能(能力)、思维的发展，又有情感、意志、人格、身体的发展，其核心内容是人的全面发展。

人的发展是一个历史范畴。在历史的进程中，随着人际交往不断扩大，社会关系越来越丰富，从而使个人逐步地、历史地摆脱个体的、地域的局限，人的发展经历着由片面到比较全面，由原始的发展到比较丰富、和谐的发展历程。

以审美意识的发展为例，说明如下：

前面说过，美感起源于生产劳动。通过生产劳动，一方面满足了人的物质上的需要，另一方面满足了人的精神上的需要，即人在生产中获得成果后的审美的愉

---

① 姚德垚：《中学语文段落教学》，11~36页，北京，光明日报出版社，1988。

快，一种看到人类自身本质力量的喜悦。原始绘画（岩画）所画的内容大半是打猎的情境和猎物。我国山顶洞人（距今约 18 万年前）的装饰品内容丰富，穿孔兽牙最多。这种萌芽状态的审美意识，还没有摆脱对对象的实用关系。

普列汉诺夫对此做了生动的阐释：

不能认为，野兽的皮、爪和牙齿最初为红种人所喜欢，单单是由于这些东西所特有的色彩和线条的组合，不，……这些东西最初只是作为勇敢、灵活和有力的标记而佩戴的，只是到了后来，也正是由于它们是勇敢、灵巧和有力的标记，所以开始引起审美的感觉。①

随着劳动生产的发展，人的视野扩大了，审美对象也逐渐丰富起来。许多与生产直接有关的自然事物，如土地、河流、庄稼等，也为人所喜欢，开始把它作为社会美来欣赏。"以后，随着人的社会生活的发展，不但对与人的劳动生产活动直接联系的对象，而且对与社会生活没有直接联系的自然美的对象，如树木、花鸟等，也开始做审美的欣赏，产生了对自然美的审美意识。一般说来，自然美的审美意识的出现，晚于对社会美的审美意识，特别是对山水花鸟等自然风景的独立观赏，则更是在社会形态发展较高阶段上才出现的。"②当今社会，随着经济社会的发展，审美意识已从人的服饰、住房装饰到建筑设计、城市规划等，渗透到社会生活的方方面面。

第四节　能力发展的多元性和多层次性

在学习的基本过程和学习的发展过程中，人的能力（技能）的发展有着十分重要的意义。培养与发展能力是实现高质量学习和工作的正确途径。为此，我们在人的发展诸因素中，重点研究能力的发展。能力的发展，从横向来说，存在多元性，即多侧面性；从纵向来说，存在多层次，即多等级性。

①　王朝闻：《美学概论》，77 页，北京，人民出版社，1981。
②　王朝闻：《美学概论》，77 页，北京，人民出版社，1981。

一、能力发展的多元性

(一)观察能力

观察是人认识外界事物的窗口，它是人与客观世界沟通的基本通道。我们的远古祖先寻找果实、捕猎野兽、打造工具，就有了最初简单的观察技能。

观察是一种基本的认识活动，有感性认识和理性认识之分，它贯穿于科学研究、社会生活和日常生活之中。观察是最常用的科学研究方法。17世纪，意大利物理学家伽利略(Galileo Galilei)在比萨斜塔上进行自由落体的观察实验，开近代实验科学的先河。任何理论联系实际的科学研究和实践活动都离不开观察。参观访问、实地考察、文物考证是社会问题研究常用的观察方法；作家深入生活，观察和体验生活，丰富生活积累，是创作的活水源头；医生要会观察病人，中医通过望、闻、问、切诊断病情；球类运动员要善于观察球路，接好每一个球；等等。

人的知识分为直接经验和间接经验，观察和实践(实验)是一切直接经验的来源。自然科学和社会科学的许多知识，都是科学观察的成果。一幅地图、一张人体心脏图、一个原子模型、一堂实验课，无论是图像还是文字叙述，都是科学观察的结果。我国药物学家李时珍(1518—1593)重视观察和实践，常上山采药，向农民、渔民、樵夫、药农请教，参考了历代有关书籍800多种，纠正了古代本草书籍中的药名、品种、产地等某些错误，用了27年写成巨著《本草纲目》，收入药物1892种，分16部60大类。法国昆虫学家法布尔(J. H. Fabre)用其毕生精力对昆虫世界进行了长期的、精心细微的观察，写出了200多万字的科学巨著《昆虫记》。

(二)语言能力

语言文字是人类伟大的创造。只有人类才会把无意义的语音形成有意义的语言。语言的产生，使人际交往、思想交流，突破了空间和时间的限制，并且随着技术的发展，成为人类表情达意、交流思想最重要的工具。人们在社会生活和日常生活中，学习、生产劳动、科学研究时，都需要用语言这个工具进行交际和交流。当今信息社会，人们交往的空间大大拓展了，时间更加快捷，更加凸显了语言作为一种信息工具的作用。

从学校教育来说，语言是学习各学科的工具，语文教学为各学科的学习扫除文字的障碍，让学生能很好地运用语言这个工具，顺利掌握各门课程的知识。

语言是同思维联系着的，思维的发展促进了语言的发展。对于抽象思维来说，语言(内部语言)是思维的载体。人们怎么想，就怎么说、怎么写。而形象思维是用表象来思维的，由于人们熟悉许多事物的表象，从小就已经习惯将它们与语言联系在一起，因此，人们也可以用语言来表达形象思维。

听、说、读、写是语言能力的四个组成要素，从认识的过程来说，先听、读，后说、写。先通过听和读获取语言信息，经过大脑进行思维的加工，然后通过说和写表达出来。因此，听、说、读、写之间，既有区别又相互联系。脑科学研究表明："看词、听词、说词和想词都有各自特异的脑区，从这些脑区似乎有各自独立的通路到达更高级的脑区来理解词的意义与表达。"①所以不能孤立地对听、说、读、写四种技能(能力)进行训练，要根据其内在的联系，进行综合的、循序渐进的训练。

乔姆斯基认为，人的语言能力一部分是先天具有的，即全人类共同的，另一部分是后天学会的，即通过经验获得的。儿童有一种天生的获取语言的机制。学习语言的关键期表明，儿童早期接触丰富的语言环境，其语言能力能得到快速的发展，因此，幼儿园和学校(主要在小学)的教育，要充分利用关键期，发展儿童的语言。

(三)运算推理能力

运算推理能力是数理运算的基本能力。推理有演绎推理、归纳推理和类比推理。从思维过程来说，演绎推理是从一般推导到特殊，归纳推理是从特殊推导到一般，而类比推理是从这一类推导到另一类。从思维的类型来说，演绎推理为通常所说的逻辑思维，如果前提为真，则结论必然为真。前提与结论的联系是必然的。归纳推理为两种思维并用，人们把观察到的对对象的认识，推广到一些尚未观察到的对象上，其前提与结论仅具有或然的联系，如对动植物的分类等。

自然界、人类社会中的某些事物在其形态、属性、功能诸方面存在许多相似之

---

① 杨雄里：《脑科学的现代进展》，14 页，上海，上海科技教育出版社，1998。

处。类比推理运用形象思维的类比方法，从两个或两类对象在某些形态、属性上的相同而推断它们另一类属性也相同的结论，是科学研究常用的一种方法。亚里士多德认为，那些能够在两种不同类事物之间发现相似之处，并把它们联系起来的人具有特殊的才能。亚历山大·格雷厄姆·贝尔(A. G. Bell)把耳朵的内部构造比作一块极薄能振动的钢片，并由此发明了电话。达·芬奇(L. Da Vinci)将铃声和石头入水时发出的声音之间建立了联系，得到了声音以波的形式传播的结论。

类比推理是一种非逻辑的推理，在推理过程中其前提与结论也是或然的联系。这就是在几何命题的证明过程中，只凭对图形的直觉判断是不够的，还需要进行逻辑论证的道理。

复杂关系的推理是大脑额叶皮层的功能。脑科学表明："额叶受损后对被试的作业会产生影响，这些作业包括：制订计划、序列行动，根据背景来调节社会性行为，对时间和空间上独立的刺激和反应之间偶然事件的学习，形成灵活的分类等。"①

数学是研究现实世界数量关系和空间形式的科学。事物的数量和它的空间形式，都是实在的具体的东西，然而经过运算和推理可以达到非常抽象的结果，以致看上去失去了同现实生活的一切联系。这种抽象的推理是周密细致的。比如，数的分析，分析数量之间种种关系，从整数、分数、有理数到无理数，从常量到变量、函数、代数式、方程，再从常变量到微变量，极限、微分、积分，等等。正是由于推理、运算的抽象性、严密性，数学才能广泛运用于其他科学、技术和日常生活实践中。

数学的推理、运算离不开两种思维。一般来说，数量的研究(代数、分析)主要用抽象思维，而空间关系的研究(各类几何)主要用形象思维。许多问题是形数结合的，数的问题可以直接或间接地转化为形的问题，数与形在一定条件下可以互相转化。我国著名数学家华罗庚曾以诗的语言做了概括：

数与形，本是相倚依，焉能分作两边飞。数缺形时少直觉，形少数时难入微。数形结合百般好，割裂分家万事非。切莫忘，几何代数统一体，永远联系，切莫

① [美]M. S. Gazzaniga：《认知神经科学》，王甦、朱滢、沈政等译、校、审，681页，上海，上海教育出版社，1998。

分离。①

(四)动手能力

当人类的祖先猿人学会直立行走时，就完成了从猿转变到人的具有决定意义的一步，由于有了双手，人类不仅能认识世界，而且能改变世界，不断增强适应自然的能力。

人的实践活动具有社会性，社会生活的一切领域都是人所参与的，有生产实践活动、社会政治活动、科学技术活动等。其中人类物质生活所需要的生产活动是最基本的实践活动，在各种实践能力中，动手能力是基本的实践能力。所谓动手能力，是根据一定目的，通过双手及运用工具改变客观实物的状态、形状、结构、功能的实践能力(技能)，如生产操作、实验、工程建筑、栽培、饲养、雕塑等。

我国著名核物理学家王淦昌说："仅有新的思路还不够，最重要的是'干'，要自己动手做实验去检验自己的想法。"②居里夫人为提炼镭付出了极大的辛苦。当时提炼镭的实验是在学校一个漏雨的棚子里进行的，居里夫人及其同事一直坚持了近4年，从几吨沥青铀矿残渣中提炼、溶解、蒸发，最终提炼了氯化镭0.12克，以后又提炼出来了金属镭。

动手和动脑是相互联系、相互促进的。动作的细致促进思维向精细发展，思维的细致又促进了手的精巧。人们在劳动时，头脑中先有一个目标，即要生产制作的产品的目标。这个目标或来自图纸、样品，或是头脑中想象的产物。这个目标以表象的形式存在于操作者的头脑中。通过动手操作，人们一步步地接近目标。每一步操作，在头脑中产生一个新的表象，人们将它与目标进行比较后获得反馈信息，接着按照反馈信息进行下一个操作，直到达到目标的要求。这时，头脑中的表象，在知觉中起到一种整合性的作用。表象的整合、类比就是思维的加工，使我们能抓住事物的特征和它的本质，达到识别客体或预测目标的目的，这是一种形象思维活动。

---

① 王元、陈德泉、计雷等：《华罗庚科普著作选集》，181页，上海，上海教育出版社，1984。
② 卢嘉锡等：《院士思维》卷一，20页，合肥，安徽教育出版社，1998。

（五）图像能力

人们用表象来思维，图像也就成为人们表达思想的一种载体。两河流域的苏美尔人在 5000 多年前就用苏美尔图形文字，我国汉字也起源于图画。因此，有人称图像为第二语言。

图像、图形的形成与制作是科学技术的一种能力。几何、地理作业要把空间关系转化为平面图形，阅读时再将平面图形想象出空间关系；工程学要把物体或零件画成三视图，技术工人依据三视图制造出机器及零件；生物学要把动植物的状态、结构绘成图像；人体解剖的研究要将人体的生理、骨骼的结构绘成图像；学生解答数理学科的应用题、许多情景性问题，要将其画成图形，使人一目了然。最早提出有机化合物苯分子结构的德国化学家凯库勒（F. A. Kekule）曾有过这样的经历："在根特（Ghent，1858—1867 年间凯库勒曾在比利时的根特大学担任化学教授）时，我有一次在书房中打瞌睡，梦见碳原子的长链像蛇一样盘绕卷曲，忽见一个抓住自己的尾巴。这幅图像在我的眼前嘲弄般地旋转不已。"凯库勒还曾说："先生们！我们应该会做梦！……那么我们就可能发现真理，……但是不要再以清醒的理智检验以前，就宣布我们的梦。"他这样讲，当然很有可能是故意编造出来的一个故事，但是他说这番话是为了启迪人们在科学研究中要专心致志，而且必须注意独立想象。历史证明，这是伟大科学家所必备的素质。由于苯的结构问题曾终日在他的头脑里萦绕着，以致产生了这种梦幻也完全是可能的。[①] 苦思冥想中的凯库勒，受到梦幻的暗示，找到了苯分子的结构式，即图形的表达。我们在日常生活中，也常使用图像，如家用电器产品说明书、旅游用的地图、家居房屋的平面图等。

图像作为表达的方式，有以下特点。

其一，形象性、直观性。人们把头脑中的视觉表象，直接用图像表达出来，无须转化为语言。

其二，整体性。整体可以是一棵大树，也可以是一片树叶；可以是一个人的身体，也可以是其中一个细胞。

---

① 参见赵匡华：《化学通史》，195 页，北京，高等教育出版社，1990。

其三，所含的信息量大。比如，描绘一个人的面孔时，不仅只有眼、耳、鼻、口，还要绘出这个人的面部特征，不是千人一面。

其四，对于学生来说，图像贴近实际，贴近生活，易学也好记。

但是，图像存在明显的不足：

一是图像虽然可以分解、组合，但比起文字的可分离性和可组性，要逊色得多，缺乏连贯性。

二是图像不能表达抽象概念。因此，图像的表达要同语言文字结合起来，才能形成系统连贯的知识。

（六）身体运动能力

身体运动能力是指"人体在运动中表现出来的能力，称为人体基本活动能力。它包括走、跑、跳、投、攀、爬、悬垂、支撑、搬运、负重、平衡、滚爬等。这些都是人们在日常生活、劳动、运动中不可缺少的。人的运动能力多数是人体自然活动的表现，但其中有些能力，如跑、跳、投、支撑、悬垂等带有一些技术因素"。①

运动能力和身体素质是相互联系的。身体素质是人体结构在功能上的反映，表现为力量、速度、耐力、灵敏度、柔韧性等方面的功能，身体素质水平在人体运动活动中表现出来的能力大小，就是人的运动能力。运动能力是在人的身体素质基础上，通过训练而获得的。

人们在身体运动能力的训练中，都要产生一定的感觉。不同类型的运动员在训练中产生的特殊感觉，是运动员技能（能力）形成的体现，它是一种形象思维。

游戏是儿童身体运动的最好形式，儿童的游戏具有社会性。在游戏中，儿童的肢体进行了种种活动，如走、跑、跳、投、爬、攀、滚等。而且，儿童用模仿来理解和体验人际的一些社会活动。通过这些活动，儿童的运动器官得到很好的发展，一方面使肢体的动作和视觉协调起来，另一方面又促进了儿童思维的发展。

（七）音乐能力

远在旧石器时代后期，音乐、舞蹈等就开始萌芽了。原始人的生产劳动是集体

---

① 张伯琥：《思维·技能与体育教学》，27 页，北京，北京科学技术出版社，2004。

性的，为了劳动中动作的协调，他们常常发出有节奏的"哼呦"声；在捕猎时，为了表达捕获猎物的喜悦心情，他们常常会手舞足蹈，发出悦耳的呼叫声。

大教育家孔子爱好音乐，能弹奏一些乐器，如琴、瑟、磬等。孔子在齐国听到"韶乐"，完全沉浸在音乐感悟之中，"三月不知肉味"。在他的教育内容"六艺"（礼、乐、射、御、术、数）中，"乐"就是教学生音乐的知识和能力。

音乐是一种特殊的听觉思维方式，运用旋律、节奏、音高、音色、和声等要素，能够表达人对美的本质的领悟和情感体验，是人们最常用的表达情感的形式。

贝多芬热爱大自然，他常到维也纳郊外散步，有时躺在树林中的草地上，有时停留在潺潺流水的小河边。他对大自然的这种喜爱之情，在《田园交响乐》中表现得淋漓尽致。他曾对他的朋友说："周围树上的金翅鸟、鹌鹑、夜莺和杜鹃是和我一块儿作曲的。"①音乐使他将自身融入大自然之美中。

以上我们概括地阐述了七种能力，这些能力具有以下三个特点。

第一，基础性。在人的身心发展过程中，能力是必须掌握的，是基础教育中要着力培养的，也是进一步学习专业知识、发展专业能力（特殊能力）的基础。例如，人的身体素质和运动能力是各类体育运动技术与技能的基础。

第二，发展性。七种能力中，除了演算推理能力之外，其他六种能力在人类史前就有了，随着历史的发展，不断地丰富其内涵。例如，观察力，从伽利略发明望远镜扩展了人的视野以来，如今科学家通过射电望远镜可以观测到百亿光年远的宇宙，运用电子显微镜和加速器，观察的视野已深入到分子、原子核层次。

第三，思维（抽象思维、形象思维）是各种能力共同的东西。能力虽然有一定的独立性，但在思维上又是相通的。例如，观察力与其他六种能力是联系着的，后者离不开观察。音乐和诗也是相通的。各种能力是沟通主客观的桥梁，是认识世界、改变世界的有力工具。

以上七种能力是学习发展的基础，是共性的东西。青少年在自身发展过程中，既有与他人相同的一面，即共性；又有不同的一面，即差异性。综上，能力发展多元性的内涵是丰富的，既有共性，又有差异性，是共性与差异性的统一。

---

① 谭冰若：《贝多芬的九首交响乐曲》，57页，北京，人民音乐出版社，1983。

二、能力发展的层次性

人的能力的发展从横向来说，是多元的，人的才能是多种多样的；就其纵向发展来说，每一种能力又可得到不断提升，发展又是多层次的。

我们知道，一个学生做实验同科学家做研究，或者学生写作文、文学家写小说，都属于同一类的智力活动，其间的差别仅体现在程度上而不在性质上。在现有的教育理论中，由于忽视了形象思维，找不到这种内在的联系。那么，其中的内在联系是什么呢？

我们把技能、能力放在认识过程中来考察，它们都是认识过程的重要组成部分。技能是能力的基础，能力和技能是属于同一类性质的活动。我们认为，技能一般由人体外部动作(感官、肌肉、骨骼)和内部智力活动(思维活动)两部分构成。所以，思维是技能的重要组成部分。思维活动具有概括性、系统性、灵活性、变通性等特征，技能可以通过思维概括的、灵活的训练而提升为能力。

我们还可以进一步研究能力与创新能力的关系。能力是一种顺利地或高质量地完成某种活动的个性心理特征，能力表现在人们所从事的各种活动之中。当这种高质量的活动在同类活动中表现为一种独特的、新颖的成果时，这种能力就是创新能力(创造力)。所以，创新能力是一种能力，是能力最高水平的表现。

由此可见，技能、能力、创新能力三者之间，既相互联系又相互区别，是人的认识能力的不同层次，从而解决了技能发展的层次问题。技能、能力、创新能力三者的关系呈金字塔形，如图7-3所示。

图 7-3　技能、能力、创新能力的关系

三、能力发展的多元性和多层次性原理

综上所述，我们可以把发展的多元性和多层次性，概括为以下几点，称为"发展的多元性和多层次性原理"。

◆学习与发展是指在学习与实践基础上人的身心发展的过程，其核心内容是人的全面发展，基本方法是发展能力。

◆发展能力是实现高质量学习和工作的正确途径。

◆能力的发展从横向来说，是多元的，多侧面的，其中基本的能力有七种，即观察能力、语言能力、运算推理能力、动手能力、图像能力、身体运动能力、音乐能力。

◆能力的发展从纵向来说，是多层次的。同一类能力分技能、能力、创新能力三种不同程度的水平。技能、能力、创新能力三者之间既相互联系，又相互区别，思维是其内在联系的基础。

能力的提升是可操作的，是通过思维实现的，如图7-4所示。

图 7-4 能力的提升过程

四、能力发展的多元性和多层次性的重要意义

(一)培养能力是提高教学质量的有效途径

能力是一种顺利地或高质量地完成获取知识和运用知识的个性心理特征。能力固然体现一定天赋，但能力的形成和发展的决定因素是教育与社会影响。能力的培养不是一蹴而就的，而是有一个发展的过程。由于我们把能力的培养和教学过程的基本活动(思维、技能)联系起来，从而找到了一条通过培养能力提高教学质量的有效途径。

（二）培养中小学生的创新能力

是否能培养中小学生的创新能力？现有教育理论没有明确的答案。发展的多元性和多层次性原理，为中小学学科教学中如何培养学生的创新能力，找到了一条可操作的途径。

对于中小学生来说，创新不是要求他们像科学家、发明家那样去发明创造，而是在学习过程中，其能力的发展突破现有水平；不是按照教师讲的、书本上写的或其他同学说的，而是通过自己独立思考或实践得到的新成果、新作品、新方法。比如，数学课上一题多解并找到新的最佳解题方法；写作课上写出文笔优美、富有新意的文章；实验课上设计出一种新的实验方案；科技课外小组活动、综合实践中，产生新的成果、新的作品；等等。这些新成果、新作品、新方法，与科学家的发明创造比起来，虽然带有幼稚的印记，但从本质上来说，都是创新。其间的区别，不是在性质上，而是在于程度上。学生的这种创造性思维和创新活动，在课内外学习活动中是经常发生的。

（三）广泛发展学习兴趣、爱好，不拘一格培养人才

不同青少年的发展过程，其差异形式是多种多样的。有的擅长理科，有的擅长文科。在理科中，有的喜欢电子技术、智能机器，有的喜欢航模、舰模；在文艺学科中，有的爱好诗歌，有的爱好喜剧，有的爱好音乐、舞蹈等。因此，学生能力的发展与培养，有两个渠道：一个是课堂教学，这是主渠道；另一个是课外活动，是另外一个重要渠道。前者侧重学习共性的东西，后者则有利于发展不同的兴趣、爱好和特长，课外活动不是课堂教学的延伸，而是弥补课堂教学的不足。课堂教学和课外活动相结合的体制，是一种完善的教学体制。

第八章
思维与学习的可持续发展——化解学习难点

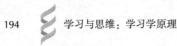 **本章概述**

　　目前，中小学各科普遍存在的学习难点(教学难点)，是学习可持续发展的主要障碍。如何化解学习难点，是广大教师最关心、最直接、最现实的问题。"化解学习难点，教会每一个学生"的教学实验表明：用两种思维的理念，改革教材、教法，在思维全面性和知识、技能协调发展的基础上，把新旧知识、技能联系起来，使新旧知识、技能中具有必要而且足够的共同思维元素，通过有顺序的思维加工，化解难点，获取新知识，形成新技能，使学习可持续发展。可见，化解学习难点，教会每一个学生，使学习可持续发展，实现教育公平，达到一个教育的新高度、新境界，经过努力是可以达到的。

第一节　学习难点及其产生的原因

一、学习难点

在教学过程中，学生常遇到一些经过努力还不易理解的知识(概念、原理等)和一些难以掌握的技能。我们通常把这些难以掌握的知识、技能称为学习难点(或教学难点)。目前，各学科普遍存在学习难点。教学实践表明，如果一个教学难点没有得到解决，以后学习相关联的新知识时，即使原本不是难点，也成了难理解的知识，如此继续下去，学生不懂的知识一点点地增加，学习的难度也随之加大，学生的成绩开始下降。进而可能导致学生学习不求甚解、囫囵吞枣、死记硬背的现象蔓延；不少学生对学习没有兴趣、失去信心，甚至产生厌学情绪。因此，化解教学难点，是消除学生厌学情绪、提高教学质量的一个根本性问题。

二、学习难点产生的原因

学习难点的产生是不可避免的吗？是必然的吗？我们认为不是。它是一定教育理论以及一定教材、教法的产物。能否破解各科学习难点，是对教育理论、教材教法很大的挑战。

教学参考书中提到的学习难点，可以分为两类。一类是可以通过对现有教材的研究和教法上的改革能够得到解决的；另一类是一些长期存在、对学习影响比较大，而用现有教育理论难以解决的。需要指出的是，这些难点长期存在的事实充分表明现有教育理论的局限和缺失。下面是与破解学习难点有关的现有理论存在的几个重要问题。

其一，学习是一种认识过程，现有教育理论对学习过程的阐述是不完整的。一是忽视形象思维，二是将技能分为智力技能和动作技能，没有统一的技能概念。因

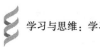

此，关于学科学习过程的理论，有的学科存在缺失，如语文、几何；有的学科尚不清楚，如体育、音乐、美术。

其二，人们是怎样认识客观事物和理解所学知识的？现有教育理论有较大的局限性，如不能阐明人们如何读一首诗、听一个故事或唱一首歌，也不能说明如何正确掌握一项体育运动技能，甚至理解一个应用题（情景性的）的意思也成为难点。

其三，温故知新。学习从已知到未知，新旧知识内在联系的机制是什么？目前国外有多种学习迁移理论，但没有统一的学习迁移理论。这是难点产生的直接原因。

其四，忽视观察和直接经验，理论脱离实际。由于忽视形象思维，现有教育理论一般把观察、直接经验视为感性认识，从而重理论轻实际。

因此，要化解学习难点，就要更新观念，突破现有教育理论的局限，用两种思维的学习理论，科学地分析学习难点产生的原因。

我们根据前面阐述过的三条原理（法则），即学习的基本过程原理、两种思维的学习迁移原理和思维基本法则作为科学依据，对学习过程做全面的剖析：根据学习的基本过程原理，学习过程包括知识、技能、思维三个要素，其中思维包括抽象思维和形象思维；根据学习迁移原理，新旧知识的联系是通过有关旧知对新知的迁移，其中旧知包括相关已学知识和经验，技能是指相关技能、能力和习惯；根据思维基本法则，思维是可操作的，步骤要具体。学习过程就是上述各种因素的有机组合。在这些因素中，如果有的存在不足（不到位）或缺失，都会给学习造成障碍，成为学习的难点。这就是我们在分析学习难点产生的原因时，必须加以思考的因素，如表8-1所示。

表8-1　学习难点归因分析表

知识		技能（能力）	思维		
相关旧知识不足	相关经验不足	未形成或缺失	相关抽象思维不到位	相关形象思维不到位	步骤不具体或概念综合性太强

从表8-1可知，如果教师熟悉本学科的知识体系和技能体系，掌握本学科的思维方式、方法，那么分析学科学习的难点是不难的，甚至是很容易的。

第二节　化解学习难点

根据第一节的分析，如果难点是由现有教育理论的局限、缺失造成的，那么，破解这类学习难点，要运用两种思维的学习理论，结合本学科的特点，深入进行教学改革。

一、发展形象思维，打破单一思维(抽象思维)理论的局限

形象思维是思维的基本方式之一，它普遍地存在于人的认识活动中。无论从文学艺术到科学技术领域，还是从生产劳动、体育运动到日常生活，各种认识活动都离不开形象思维，中小学各科教学也应该普遍运用形象思维。

忽视形象思维主要表现在以下三个方面。

(一)忽视观察

观察是直接经验知识的来源，是人的智力活动的窗口；观察中获得的丰富的表象积累，是进行思维加工的基础。例如，低年级小学生对周围世界的观察，是他们说话、习作的源泉。不会观察、忽视观察，成为小学生习作的一大难点。我们的教学改革实验，把说话训练和观察联系起来。先观察后说话，观察有顺序，说话就有系统，观察有主次，说话则有详有略。再把说话和写话联系起来，学生能完整地说一句话，教师让他把话写下来，就是写一句话；学生能有条理地说一段话，教师让他把话写下来，就是练习写一段话；然后循序渐进地学会写一篇短文。用这种方法，学生写作兴趣很高，难点也就解决了。

(二)忽视图形的作用与训练

几何图形是对客观事物形状的一种概括，几何图形的种种联系与变化，是对客观世界的一种反映与描述。对平面几何基本图形的识别、分解、组合的练习，是形

象思维一般方法的一种练习，它直观、形象而且容易为学生所接受。但长期以来，由于忽视对几何图形的识别和思维训练，使平面几何这门课，从入门开始，就成为许多学生难学的一门课程。

(三)忽视形象思维的培养

学习中还有许多难点都是由不重视形象思维造成的，如数理学科中的应用题是学习难点。人们通常认为解应用题用抽象思维，其实不尽然，对于应用题目中的情景点叙述，如果不会形象思维，往往连题目都读不懂。解题时，如果开展想象，把问题画出图来，如数学线段图、力学的受力图等，解题就变得容易。

例如：和尚上山问题。①

有一个和尚要到山顶上的庙里去进香。他在早上8：00出发，当天下午4：00到达目的地。他上山行走的速度随山势而变化，有快有慢。他住了一夜，第二天下山，也是在早8：00出发，从原路走下来，下午4：00到达了山底。

现在的问题是：在他上山和下山路上是否存在一个地点，是他在两天中同一时间经过的？

解答这个问题，不能用通常的分析法，因为路程、速度都不知道，而且速度是变化的。所以只能用想象的方法。如果用问题表述的思路，头一天上山，第二天下山，问题的解答也有困难，但是如果换一个思路进行想象，把一个和尚在不同日子里上山和下山，改为两个和尚在同一天里一个上山另一个下山，问题的实质没有改变。因为都是在上午8：00到下午4：00，不管二人走的速度快或慢，在同一条路上他们总要相遇，这个相遇点就是问题的答案。

可见，深入教学改革，发展形象思维，是化解学习难点首先要解决的问题。

二、运用学习的迁移原理，全面做好新旧知识的衔接

现有的学习迁移理论主要研究已有的学习怎样向新的情境迁移，或者说已学的

---

① [美]罗伯特·J. 斯滕伯格：《教育心理学》，张厚粲译，292 页，北京，机械工业出版社，2012。

知识、技能、态度怎样影响新知识的学习。但是，没有一种理论能够全面地阐明知识、技能的迁移。因此，这些理论虽有一定的理论价值，但实践指导意义不大。我们认为，两种思维的学习迁移理论，具有全面性和可操作性，是我们全面做好新旧知识衔接的理论根据。

运用新的迁移理论，做好新旧知识的联系需要做到两点。第一，全面性。全面分析新旧知识的关系，在知识方面，包括知识和经验；在技能方面，包括技能、能力、习惯；在思维方面，包括抽象思维、形象思维和思维的可操作性。第二，要掌握新旧知识联系的度，做到恰到好处。所谓"度"，是指"必要而且足够"，是指学生经过努力可以掌握新知识所必需的旧知识，而且足够即可，不是越多越好。因为过多了，既不利于发挥学生的积极性，又会降低学习的效率。

三、重视观察，完善技能体系

当前教学工作，重学习结果，轻学习过程，即重知识轻技能；忽视观察，忽视直接经验。因此，重视观察，完善技能体系，是化解学习难点要着力解决的问题。

忽视直接经验是多方面的。小学生学习语文，有不少课文内容是学生未曾经历过的，如《三峡》《趵突泉》《海底世界》等，如果不展示相关图片、录像资料，学生很难理解。初学英语需要丰富的语言环境，如果脱离了语言情境，则成了死记硬背。小学的科学课，中学的物理、化学、生物等学科的学习离不开实验。总之，要不断丰富学生的直接经验。能直接观察的，要让他们去观察，能动手去做的，尽量让他们去做。注意不让书本知识脱离生活、脱离实际。

在学习过程中，知识与技能是协调发展的。知识是认识的结果，技能是认识的过程，也就是说知识是技能的产物。可见每一项知识的产生，都应有相应的技能活动。在学习发展的过程中，知识形成一定的体系，与此相对应，技能的发展也应该是一个体系。目前基础学科中的技能体系，大致存在三种情况。

第一，有比较完整的技能体系，如数学、体育。数学（算术、代数）的技能体系是明显的、清楚的。在数的运算（操作）中，一种符号代表一种操作，四则运算法则（先乘除、后加减）也是明确的。由整数到分数、小数，由有理数到无理数，乘方、开方。各项运算的方法、步骤都是具体的。

第二，有的学科有技能体系，但不完备，如数学(平面几何)、物理。数学(平面几何)是典型的形数结合学科，既有图形的分解、组合，又有逻辑的推理、论证。而教材却把图形的思维训练忽略了。

物理学中的动力学，由运动学和力学两部分构成。运动学中物体的位移、速度、加速度及自由落体，其运算技能都明确、具体；力学方面，讲了力的分解与合成，却把物体受力情况的分析这项重要技能给忽视了。

第三，有的学科技能体系只是潜在的，如语文。语文的观察、听、说、读、写技能，对于语文知识的获取和运用来说，这些技能都是潜在的、内在的。例如，阅读技能，其中包括识字，要用联想；掌握句子，要运用句法、词法和想象；理解段意、篇章，有联想、想象和分析、归纳等，所以阅读是一系列技能的综合。文章本身没有体现这些技能，它是内在的。对于这些技能如何训练，人们不是很清楚。比如，句子是文章的基础，课文却忽视句子的训练。又如观察，迄今各种语文教材都不重视，都没有提供相应的训练。

因此，在化解学习难点的研究中，应着力研究和完善基础学科技能的体系，使学科中的知识和技能两个体系彼此协调，扫除学习中的障碍。

四、整体把握教材，为知识、技能的迁移创造良好条件

学生所学知识是多方面、多层次的，知识往往从一个问题过渡到另一个问题，从一个层次跳到另一个层次。前后知识间的联系，有的比较紧密、前后连贯，有的比较松散、前后不连贯。一般来说，用演绎法得出的知识，前后比较紧密，如代数，先学一元一次方程，再学一元二次方程时，对可分解因式的一元二次方程，通过分解因式，把二次方程转化为一次方程，即将新知识转化为旧知识，问题得到解决。用归纳法获得的知识，开始是比较松散、不连贯的，待到归纳为一般原理、规律时，知识的脉络才显现出来。例如，化学，在实验基础上，先分类学习非金属、碱金属主要元素的性质及其化合物，知识间的内在联系尚不清楚，知识间的关系是松散的。

了解了原子结构与元素的金属性与非金属性、原子结构与化合价的关系以后，知识的内在联系的脉络就清楚了。

由于学科知识各有特点，所用的思维方法也不尽相同，要破解学习难点，就要

运用学习迁移原理，整体把握教材，抓学科知识的重点。

（一）掌握知识、技能的内在联系，不断完善教材的结构

知识（技能）的内在联系是知识产生迁移的条件，其实质就是知识（技能）之间有共同的思维要素，这种联系不仅要抓住一章一节中的内在联系，更要把握一册教材以至全学科中知识的内在联系。有人称这种联系为知识结构或知识的网络。因此，要不断地完善这种联系，使知识、技能内在联系这条线清晰起来。为知识、技能的迁移创造良好条件。

例如，马芯兰对小学数学教材进行改革，突出教材中那些最基本的概念、法则和原理，并以此为中心，从纵和横两个方面进行重新调整与组合，把有关的、有联系的知识串联在一起，做到有纲有目，成为一个新的比较好的知识结构。

所谓最基本的概念，就是在知识与技能的网络中，那些关键性的、普遍的和适用性强的概念。抓住这些最基本概念的教学，能使知识产生广泛迁移，使学生学习起来容易理解，同时也有利于记忆。所谓"纵"的方面，就是按照知识的纵向联系，归结为计算题和应用题两条线。这两条线的知识又是密切联系、互相渗透的。基本的概念、法则、原理和数学能力是线上的中心环节，抓住这个中心环节，整条线就带动起来了。例如，重点学好百以内竖式加减计算法则，在以后学习万以内、多位数加减计算时，学生就可以运用旧知识比较容易地掌握新知识，这就是知识迁移的作用。①

（二）抓知识的重点，促进知识的迁移

我们认为，任何事物或现象都不是孤立地存在的，而是和周围的事物或现象处于一定的相互联系、相互制约和相互作用之中。反映它们的知识，也是一种相互联系、相互制约的知识之网。重点知识就是这个网的纲。教学中抓重点就是以纲带目，就能以简驭繁。教学的重点内容应该包括以下两个方面。

第一，带有共性的知识，也就是常用的知识。在教学内容中，有许多带有共性的知识、方法、技能等，抓住这些共性知识，就能举一反三，触类旁通。例如，在

---

① 北京市朝阳区教育局：《马芯兰数学教学法推广实验》，40 页，北京，华夏出版社，1994。

语文阅读教学中，要分析文章层次结构，培养学生分析文章层次结构的能力，就要以自然段的训练作为重点，这是因为：①学生能理解一段话中句与句之间的关系，也就比较容易理解段与段之间的关系，因为连句成段和连段成篇的思路与方法有其一致性；②给一个段落分层的方法，一般也适用于给一篇文章分段，思维的方法是相同的；③概括自然段段意的方法，也能用于概括逻辑段的段意。

因此，抓自然段的训练，就抓住了分析文章结构的共同性；在数学解应用题教学中，无论是一步应用题、两步应用题、多步复杂应用题以至各种数学问题，都有这样一个数学问题的结构问题。抓住数学问题结构能力的训练，就抓住了解题技能中一个共同的、基本的东西。实践证明，抓住数学问题结构能力的培养，就能极大地提高学生的解题能力。

第二，概括性和理论性强的知识。教材中有许多概括性和理论性强的知识，如基本概念、原理、法则等。教学中抓住这些重点知识，就能以纲带目，促进知识的迁移。中学代数中函数的概念，广泛地联系许多代数知识。力学中速度、加速度、力、功、能、牛顿三定律、万有引力定律等几乎概括了全部力学基本知识，说明了各种力学现象，抓住这些重点知识，就抓住了力学知识的纲。

总之，抓重点知识的教学，要瞻前顾后，要想到现在学习的知识在以后怎样应用，不仅要掌握现在的有关知识，有时还要为以后学习某些知识做准备，这叫作"渗透"。由于重点知识具有共性或概括性，学习重点知识不能孤立地学，要同一般知识联系起来，与前后有关知识联系起来，理论要和实际联系起来；要用联想和发散的方法，多方面、多角度地去把握它们的内涵。

五、分解难点，化解难点案例

"摩擦力"一节的教学难点分析及化解

【教材】高中物理必修第一册

【难点1】"静摩擦力是否存在、静摩擦力的大小及方向的判断"

一、难点的成因

（1）思维定势的困扰——认为只有在相对滑动时才有摩擦；只要接触面粗糙就一定有摩擦。

（2）不会运用想象分析物体的相对运动趋势，进而无法正确分析出静摩擦力的方向。

（3）思维综合性强，静摩擦力是否存在无法单纯从现象中"看出来"，还必须经过对现象的分析才能得出静摩擦力是否存在以及静摩擦力的大小和方向。

二、化解方法

（一）观察分析

1. 教师演示

了解静摩擦力的存在装置，如图 8-1 所示。（用小木块与大木板上的"黑三角"相对不移动，表示二者相对静止。）

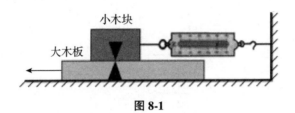

图 8-1

（1）弹簧秤示数为零时，问：这时小木块受大木板的摩擦力吗？为什么？（学生可以根据已学过的二力平衡知识分析出：木块不受摩擦力。）

（2）拉动大木板，小木块相对大木板静止，弹簧秤有示数，问：小木块受大木板的摩擦力吗？是多大？（学生仍然可以根据二力平衡知识分析出：木块受摩擦力，大小等于弹簧秤的示数。）

引导学生思考：是不是只有在滑动的情况下才会出现摩擦力？你感觉在什么情况下会出现上述摩擦力？

2. 学生实验探究：感受静摩擦力的变化

（1）把木块放在水平桌面上，用较小的外力沿水平方向拉小木块，观察弹簧秤的示数。思考：这时小木块受摩擦力作用吗？摩擦力有多大？

（2）继续增大拉力，直到小木块开始运动，观察弹簧秤示数的变化。思考：小木块受到的摩擦力有变化吗？怎样变化？

引导学生总结：什么是静摩擦力，静摩擦力的方向，静摩擦力的大小总是介于零和最大静摩擦力之间。

关于静摩擦力方向的教学可以补充一个演示实验：用弹簧秤拉立在水平桌面上的毛刷，当毛刷相对桌面静止但有运动趋势时，毛刷的毛向呈与运动趋势相反的方向弯曲（如图 8-2 所示），这表明静摩擦力的方向与相对运动趋势方向相反。

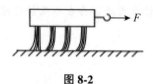

图 8-2

(二)发散思维训练

例：质量为 m 的物体紧靠竖直墙壁，在水平外力 F 的作用下处于静止（如图 8-3 所示）。问：

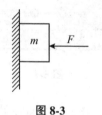

图 8-3

(1)物体受不受摩擦力？如果受摩擦力，则其大小、方向如何？

（假设墙面光滑，物体有向下运动的可能，而物体现在静止，因此受静摩擦力，大小等于 mg，方向竖直向上。）

(2)如果增大 F，摩擦力有变化吗？（不变。）

(3)如果再施加一个竖直向上的力 F'（如图 8-4 所示），物体仍然静止，则物体受摩擦力的大小、方向如何？

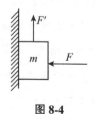

图 8-4

（如果 $F'>mg$，物体有向上运动的趋势，因此静摩擦力竖直向下；如果 $F'<mg$，物体有向下运动的趋势，因此静摩擦力竖直向上；如果 $F'=mg$，物体没有运动的趋势，则静摩擦力为零。）

（4）如果 F 与竖直方向夹角为 θ（如图 8-5 所示），问：物体受摩擦力的大小、方向如何？

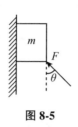

图 8-5

（如果 F 的竖直分力 $F\cos\theta>mg$，物体有向上运动的趋势，静摩擦力竖直向下；如果 $F\cos\theta<mg$，物体有向下运动的趋势，静摩擦力竖直向上；如果 $F\cos\theta=mg$，静摩擦力为零。）

【难点 2】"滑动摩擦力的大小只与正压力和接触面的粗糙程度有关，与接触面积和物体的运动速度无关"

一、难点的成因

（1）生活经验缺乏，从来没有对摩擦力进行过定量测量。

（2）思维定势的困扰——认为接触面积越大，摩擦力越大。

二、化解方法：学生动手实验，探索规律

（一）首先提出问题

（1）滑动摩擦力可以怎样测量？（当木块匀速运动时，弹簧秤的拉力大小等于滑动摩擦力。）

（2）滑动摩擦力大小可能与什么因素有关？（可能与接触面的粗糙程度、物体对接触面的压力、接触面积、物体的运动速度有关。）

（二）学生实验，探索滑动摩擦力的大小与哪些因素有关，有何关系？

（1）先后改变正压力和接触面的粗糙程度，测量摩擦力，将数据记录在表格中。

压力(F_N/N)	滑动摩擦力 F/N		
	木块与桌面	木块与玻璃板	木块与毛巾

在坐标纸上绘制三种情况下摩擦力与正压力的关系，即 $F—F_N$ 图像（如图 8-6 所示），根据图像分析：

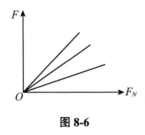

图 8-6

第一，图像都是一条直线，说明什么？（说明滑动摩擦力与压力成正比。）

第二，图像的斜率代表什么？（代表接触面的粗糙程度。）

(2)改变木块的运动速度和接触面积大小，研究摩擦力大小与这两个因素是否有关。（实验证明，压力和接触面确定时，摩擦力大小与木块的运动速度和接触面积大小无关。）

【难点3】"滑动摩擦力的方向与相对运动方向相反"

一、难点的成因

(1)思维定势严重，总认为"摩擦力阻碍运动"；

(2)相关生活经验不足，混淆"相对运动"和"运动"；

(3)形象思维能力欠缺，想象不出两物体都相对地面运动时它们之间的相对运动情况。

二、化解方法：发散式情境描述训练

例：汽车 B 以速度 v_1 运动，车上的货物 A 以速度 v_2 运动（如图 8-7 所示），试分析 A 所受摩擦力的情况。

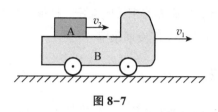

图 8-7

答：如果 $v_1 < v_2$，A 相对 B 向右滑动，A 受到 B 给的向左的摩擦力；如果 $v_1 > v_2$，A 相对 B 向左滑动，A 受到 B 给的向右的摩擦力；如果 $v_1 = v_2$，A 相对 B 静止，且二者无相对运动趋势，A 不受 B 给的摩擦力。

第三节　思维与学习的可持续发展

一、学习的可持续发展原理

学习是一个连续的过程，在教学中化解学习难点，就能把前后知识、技能衔接起来，使学习的链条一个接一个地联系起来，这时思维是可持续发展的，学习也是可持续的。

在学习过程中，根据各学科的特点，在思维全面性和知识与技能协调发展的基础上，新旧知识、技能若具有必要而且是足够的思维共同要素，通过有序的步骤和具体的方式，把它们联系起来进行思维加工，就能获得新知识，并通过多次练习形成新技能，使学习可持续发展。

这就是"学习的可持续发展原理"，其内涵主要包括以下几个方面。

(一)新旧知识、技能的关系

根据学习迁移原理，新知识与相关旧知识(技能)内在联系的条件是，要有"足够而且必要"的共同思维要素(思维材料、思维规律、思维方法)。这里"足够而且必要"是指学生学习新知识所必需的相关旧知识、技能，既是必要的，又不是越多越好，要做到切合学生思维的实际发展水平。

(二)思维加工方法

当知识的内容(思维材料)确定以后，思维加工方法的运用是关键。思维加工方法是多种多样的，也是最具创造性的。在学习过程中，要根据各学科两种思维的特点和教学过程的模式，把一般思维规律、思维方法和学科特点结合起来，形成有学科特点的思维加工方法。例如，语文阅读教学主要运用一般思维方法，识字用联想，理解句子用语言法则和再造想象，篇章的阅读要把联想、想象和分析、归纳有机地结合起来；数学中对数量的分析、综合，则建立了一整套学科特殊的思维加工方法，如加、减、乘、除、乘方、开方等，使人们对数的分析达到非常细致严密的程度。

思维加工方法，要根据学习目的和各学科学习过程的模式，由浅入深，由此及彼，由表及里，有步骤、具体地进行。抽象思维通过比较、分析、抽象、概括等方法形成概念，进行判断、推理，获得对知识的理解；形象思维没有概念的形成，而是通过表象的积累和加工，实现由量变到质变的过程，以达到理解的目的。

(三)对知识的理解

对于我们来说，一个事物或关于事物的知识之所以是真实的、有意义的，是因为它的本质和根本属性，而不是表面的、偶然的、变化不定的现象。所谓理解，是指通过思维加工，获得对事物(知识)的本质属性的认识，也就是对事物意义的理解，是通过现象把握事物的本质的过程，属于理性认识。

人们对事物(知识)的意义的理解，是主体对客观事物的认识，而不是人这个主体对客体的意义的构建。

对知识(经验)的理解，是以思维发展的全面性、知识(经验)的积累和思维的加工能力为基础的。抽象思维通过思维加工，舍弃了事物表面的、具体的、可感的东西，抓住事物的本质；形象思维对表象的加工不同，形象思维活动始终具有形象性、具体性和可感性。因此，理解的内涵，既有抽象的、有意义的理解，又有形象的、可感的领悟和感受。科学知识(概念、原理)的理解，一般是抽象意义的理解；

体育运动中对掌握一项运动技术的理解主要表现为一种可感性,如水感、球感等;而文学艺术中对一部作品的理解,则既有形象的感悟,又有抽象意义的把握(如主题思想等)。

青少年处于思维发展的时期,他们的知识(经验)积累和思维加工能力水平随着年龄的增长与教育的培养而提升。因此,青少年对周围事物的理解水平是同他们思维发展水平相一致的。例如,对于一个初学语言的幼儿,当成人告诉他"这是桌子""这是猫"时,他把桌子、猫的读音(一种符号)和实物联系起来,这是一种联想。这就是幼儿对事物简单的也是最初的理解。福建省龙岩市市直机关幼儿园的老师,通过游戏活动,使幼儿初步懂得"一与许多""比大小""排序""分类"的意思。对于刚进小学的儿童,让他们理解"数位""计算单位"是困难的,但运用"数位筒"的教学方法,使他们通过具体的、反复的操作,就能初步理解这两个概念。这些经验表明,过去认为要让学生机械记住的知识,通过发展两种思维,采用适当的教学方法,是可以让学生理解的。

有些知识(概念)的理解,有一个提高的过程。例如,物理学中"力"的概念,在初中学习时,是从大量关于力的现象中,概括为力的定义的;到了高中,就可直接阐述力的概念。目前在教学中存在一种现象,不从学生思维发展水平的实际出发强调讲深讲透的做法,或把教材大量下放的办法,都是不妥的。

二、思维与学习可持续发展的意义

学习的可持续发展,是思维的全面、协调和可持续发展的结果,其意义是十分深远的。

学习是一个系统工程,学生要同时学习几门甚至十几门的课程,要连续学习 9 年完成义务教育,或连续学习 16 年读完大学,这是一项长期而艰巨的任务,而学习的可持续发展,是这个系统工程的基石。

教师的工作是教书育人,学习的可持续发展的意义,就是教会每一个学生,促进每一个学生的全面发展。所以学习的可持续发展,是人的全面发展的基础。

就学校而言,学校的工作是按照教育方针培养人,使每一个学生的德、智、体、美、劳和谐地发展,不让一个学生掉队。而只有做到学习的可持续,才能做到不让一个学生掉队。

我国有 2 亿多名中小学生，若城乡的中小学校都能逐步做到思维的全面、协调和可持续发展，做到学习的可持续发展，使 2 亿多名学生能连续地学完义务教育，这是多么光辉的事业啊！

第四节　备课改革

一、备课的重要意义

本研究对课堂教学提出了许多新理念、新要求。

◆思维发展的全面性；

◆教学过程三个基本要素：思维、技能、知识（区别于传统的双基）；

◆知识和技能是协调发展的；

◆学习的迁移；

◆化解教学难点，促进学习可持续发展。

这些新理念、新要求，怎样转化为教学实践，其过程是什么？我们知道，课堂教学有以下三大特点。

一是综合性。一堂课中要落实德、智、体、美、劳多种任务，这些任务有主有次，有内在联系，既有横向的联系，又有纵向的发展，所以它是综合的。

二是高效性。由于知识是无限的，而学习的时间是有限的，学生学习的任务、内容、要求（包括课标的要求、教材的编写）都要精心地选择，课堂的每一分钟都要得到科学、合理地利用。因此，每堂课都应是教学的精品。

三是可操作性。一堂课可能达到的目标、任务、内容、方法，都要转换为可操作的教学步骤、方式、方法，才能通过学生的积极思维，转化为学生的知识、能力、思想品德。这样一堂综合的、科学的、精雕细刻的授课，必须要经过精心的、细致深入的准备工作，也就是备课。

新的理论转化为课堂实践，概括为下面的过程：

┌───┐
│ 新理论（新经验）──→ 学习──→ 备课──→ 实践（上课）──→ 检查、总结 │
└───┘

图 8-8　新的理论转化为课堂实践的过程

备课是新理论、新经验应用于教学实践的中间环节，是理论转化为实践的关键环节。一项新的改革任务，一个新的教学方式、方法和思维方法，如果在备课时没有被列入讲课计划中，教师在上课时很难想到它、用到它，那么，新的任务、要求就会得不到落实。具体地说，每一项新的实验，如何培养学生的想象能力、几何图形的抽象能力、地理课读图能力等，往往是综合的，都要占用课堂的时间，涉及教材运用的调整，要有教学方法的创新，而这些都要在备课过程中精心设计和细致研究。

因此，在改革实验过程中，学校领导要有计划、有组织、有目的地帮助教师完善备课，形成校本学科备课的新模式，把新思想、新经验落实到课堂中，并且巩固下来。

二、备课改革是教学改革中的薄弱环节

在新理论转化为课堂实践的过程中，通常我们(包括实验学校)重视两头，即重视学习理论和检查(包括听课)总结，而忽视中间环节——备课。这是我们许多实验成果未能落实和巩固下来的一个重要原因。

举例来说，我们目前课堂改革的重点是化解教学难点，提升学生核心素养，这涉及备课的内容、方法等方面，对备课提出了更高的要求。如果学校不能有领导、有计划地将这些改革经验纳入备课的模式中，这些经验就会渐渐地丢失掉。

我们还要指出，现有通用备课模式(格式)是传统的单一思维(抽象思维)教学理论的产物。例如，一般教案的目的和要求为：①知识和能力；②过程和方法；③情感、态度、价值观。这种备课模式的不足(缺点)是明显的。一是忽视思维。二是在情感、态度、价值观方面，内容笼统。情感不分道德感、审美感，价值观没有突出社会主义核心价值观，也没有世界观、人生观的培养目标。三是只有课时备

课，容易忽视知识、技能、能力发展的系统性，忽视学习的连续性和可持续发展。

如果固守这种备课模式，也就没有新理念、新要求的一席之地。

三、怎样改革(改进)备课

怎样改革备课，我们不准备提出一个统一的模式，为了使化解教学难点成为日常备课的要求，下面以化解教学难点为例，研究备课应该做出哪些改革。

我们认为备课应分为两个部分，一是总备课(学期备课)，二是课时备课(周备课)。

(一)总备课

1. 全面熟悉全学期的教材

一是弄清教材中知识的内在联系(知识体系)和与知识相协调的技能体系。目前在学科技能体系中，有的学科，如数学比较系统，有的学科技能体系不很完善，有的学科技能体系有待研究。

二是弄清各学科思维方式、方法的特点，如抽象思维的分析、概括、推理等，形象思维的联想、想象等。

2. 了解学生

一是了解上学期学生掌握知识、技能的情况，二是了解学习困难学生。

3. 研究全学期教学的目标、任务

教学目标，包括知识、技能、思维的发展目标、要求。

教育目标：①世界观、人生观、社会主义核心价值观；②审美教育；③健康教育；④学习态度、纪律教育。

4. 实行总备课的意义

第一，全面把握知识和技能的内在联系、协调发展以及思维的特点，是学习迁移、学习可持续发展的依据，做到前面的学习有计划地为后面的学习打基础，才能抓住重点，突破难点，才能有效地提高教育质量与教学效率。

第二，技能的形成、能力的培养、思想品德的形成、学习纪律的养成，不是一两节课能解决的，必须以学期为单位，结合教材和学生实际，有目的、有重点地进行。如果把这些原本要在一定阶段才能形成的技能、能力、品德当作一节课的目标，而无系统的训练和培养，是达不到目的的。

第三，了解学生，教学才能有针对性，做到因材施教，教会每一个学生。

(二)课时备课(或周备课)

1. 分析教材

在通读教材的基础上分析教材，要做到"四看"：一看新旧知识联系，弄清学习新知识涉及哪些旧知识(经验)；二看学习新知识涉及哪些技能；三看学习新知识运用哪些思维方法；四看学生是否已掌握相关旧知识(经验)、技能和思维方法。

2. 教学设计

在分析教材、了解学生的基础上，明确教学重点、难点，思考如何突出重点，化解教学难点，进行教学设计。

(1)目的和任务

①教育目的：根据本节课教材内容、知识的前后联系，从总的教育目标中，提出两三个可培养(训练)的目标而不必面面俱到。②教学任务：包括知识的掌握、技能的训练、思维的发展等。

(2)教学过程与方法

根据思维基本法则，教学方法和学习方法都是可操作的。学习新知识、培养新技能时，要做到步骤具体，小步子，不能跳步。

第五节 坚持教育改革创新，深化教材改革

习近平总书记在党的十九大报告中指出，"建设教育强国是中华民族伟大复兴的基础工程，必须把教育事业放在优先位置，加快教育现代化，办好人民满意的教育"。

当前，学校教育面临着三种深刻的变革。第一，思维方式的变革，由单一的抽象思维方式，转变到思维的全面发展，即抽象思维和形象思维都要发展。这是两千多年前亚里士多德提出形式逻辑(抽象思维)以来，最为深刻的一次思维方式的变

革。第二，学校教育媒体的变革，由纸质媒体(书本)逐渐地向多媒体、网络(电子文本)的转变，这是一千多年前毕昇发明印刷术以来一次深刻的变化。第三，随着教育媒体的变化，必将引起教师教学与学生学习方式的变革，即由集体教学(班级授课制)到个体自学与集体学习(小组的、班级的)相结合的学习方式的转变。这三方面的变革，都会在教材上有所反映。从教材的视角来看，知识和技能是教材的内容，知识的获取、技能的形成与运用，都离不开思维。因此，教材的变革要以思维的全面、协调和可持续发展为主线，综合思维、教育媒体、学习方式的转变，与时俱进，有准备、有步骤地进行深入的改革。

一、对学科的思维方式进行具体的研究

根据学科的特点，对学科的思维方式进行具体的研究。一般来说，知识的理解过程是两种思维的过程，其中有的学科以抽象思维为主，有的学科以形象思维为主，更多的是两种思维的有机结合。

一是以抽象思维为主的学科，如数学(代数)、物理、化学等。

二是以形象思维为主的学科，如体育、音乐、美术。

三是两种思维并重的学科，又可分为两类：①在突出形象思维的基础上，把两种思维结合起来，如语文、历史学科；②在感知的基础上，把两种思维有机地结合起来，如数学(几何)、地理等学科。

在思维的全面发展中，要突出形象思维的发展，改变忽视观察，忽视图形、图像的状况。要充分运用多媒体进行学习，多媒体是表达两种思维的好载体。

二、强调学科中思维的协调发展

学科中思维的协调发展，主要体现在两方面：一是在学科教学过程中，两种思维结合的模式，即教学过程的模式；二是在学科内容结构中，知识与技能的协调发展。

要改变目前教学重结果轻过程、重知识轻技能的状况，一方面要完善学科的知识体系，另一方面对基础学科中存在技能缺失的学科，如数学(平面几何)、物理

等，要完善技能训练体系，针对有的学科，如语文，要构建技能训练体系。

三、强调思维的全面和可持续发展

在思维的全面、协调发展的基础上，教材的内容要根据青少年智力发展的年龄特点，运用知识的迁移原理，由已知到未知、由浅入深地构建一种可持续发展的教材体系。在一些新旧知识不衔接的地方，建议教材编写"知识链接"或"阅读参考"栏目，供学生参考选读。

四、建议教材向引导学生学习方式转变

教材要引导学生学习方式的转变，教材应分为必读与选读，练习也要分必做和选做，使教材具有个性化特点(详见第四章第四节)。

第九章
学习的主体性

本章概述

　　研究学习中思维的全面协调和可持续发展，必须坚持以人为本。坚持以人为本，就要明确学生是学习的主人，明确学生在学习过程中的主体地位。坚持以人为本，就要塑造人，充分发挥学生学习的主动性、积极性和创造性，充分开发学习的潜能。学生的学习过程，是在教师指导下获取知识、运用知识，促进身心和谐发展的过程，是一种特殊的认识过程。因此，明确学习的主体性和学习中教师与学生的关系，具有十分重要的意义。

第一节 学习的主体性

一、主体性

我们研究了学习的基本过程，然而，在学习过程中，学生的学习存在差异性，有的学生学习主动积极，有的学生学习被动消极，有的学生学习成绩好，有的学生学习成绩差。这些都是学习的主体性问题。

什么是主体性，马克思在肯定人是劳动的产物、社会关系的产物的同时，又强调人是劳动的主体、社会关系的主体，侧重从人的作用的角度揭示人的本质，说明人在劳动、社会关系中的地位。① 在实践中，人是活动的主体，环境(自然、他人、社会)是活动的客体。通过实践活动，人能认识世界，改变世界，进而改变自己。主体性是指人在主体和客体关系中的地位、作用与能力，其核心是人的能动性。主体性在一定意义上可以说是人的最本质的属性，主体性贯穿于人的认识活动和实践活动中。

人在实践活动中对主体与客体关系的认识，是自我意识问题。在人类历史的进程中，自我意识有一个发展的过程，大致可以分为三个阶段：一是意识的发生；二是自我意识的发展；三是自我意识的深化。

当古猿人直立行走成为习惯以后，他们用双手来采集果实，打造工具，过着群居的生活。由于生产劳动和群居生活，因此意识产生了，个体把自己和周围环境区分开来，把自己同劳动对象、他人区分开来，把自己同动物区分开来，成为有自我意识的人。

意识是怎样发生的，脑科学、心理学进行了许多有价值的研究，目前还没有形成一致的认识。在 20 世纪 60 年代晚期，纽约州立大学的心理学家盖洛普

---

① 袁贵仁：《马克思的人学思想》，98 页，北京，北京师范大学出版社，1996。

（G. Gallup）设计了一种自我认识的实验——镜子实验。我们都知道，猫和狗会对它们在镜子中的影像做出反应，但是它们常常把它当作另一个个体的影像，它的行为很快变得令它们自己感到困惑和厌烦。盖洛普认为，如果动物能够认出它在镜子中的影像是"自己"，那么可以说它具有自我认识或意识。

这个实验是盖洛普在一天早晨刮胡子时突然想出来的。他先让做实验的动物熟悉镜子，然后在动物的额头上涂一个红点。如果这个动物把镜子中的影像看作另一个个体，它可能对稀奇的红点感到奇怪甚至可能去摸摸镜子。但是，如果这个动物认出这影像是它自己，它可能会去摸它自己身体上的红点。开始盖洛普用一只黑猩猩做实验，这个动物的行为表明好像它知道这是它自己的影像，它摸摸额头上的红点。盖洛普的实验报告发表于 1970 年的《科学》杂志上，这个报告对于动物心智能力的研究来说是一个里程碑。黑猩猩通过了镜子实验，在动物中有这种自我认识能力的比例不太大。①

随着文字的产生，以及形象思维、抽象思维的发展，人的自我意识发展了，突出表现在人通过反省、反思来认识自我，检查自我与周围环境的关系。曾子的"吾日三省吾身：为人谋而不忠乎？与朋友交而不信乎？传不习乎？"就是典型的例子，是人对自己的认识活动进行反馈、监控的反映。

近代哲学对主客体的关系和对主体地位、作用做了深入的研究，明确了主体性的内涵是自我意识的深化阶段。德国古典哲学对主体性做过系统的研究。但唯心主义者过分强调主体性，违反了客观实际，他们所说的主体性，只是某种"精神"的主体性。马克思主义哲学基于社会实践，突出地强调实践活动中主体的地位和作用，认为主体对客体有巨大的能动作用，同时又受到客体的制约。

当代心理学对元认知的研究，丰富了主体性的内容。元认知是指对个人认知活动的认知，包括三方面的内容：一是元认知的知识，包括有关人类思维过程的知识等；二是元认知的体验，如"知的感觉""不知的感觉"等体验；三是元认知技能，如核对、计划、提问、自我测试和监控自己的操作等。②

---

① ［肯尼亚］理查德·利基：《人类的起源》，吴汝康、吴新智、林圣龙译，115 页，上海，上海科学技术出版社，1995。

② 中国大百科全书总编辑委员会：《中国大百科全书·心理学》，531 页，北京，中国大百科全书出版社，2002。

二、学习的主体性

在学习过程中，学生是学习的主体，学习的对象——知识，是学习的客体。知识分为直接经验和间接经验，学习的客体的实质还是自然界和社会关系。学习的主体性，是指学习主体在学习中对客体的地位和作用。

学生学习的过程，是在教师指导下获取和运用知识，促进身心发展的过程，这是一种特殊的认识过程。其特殊性主要表现在以下几个方面。其一，要有教师的指导。青少年处于长身体、长知识的时期，他们的成长需要成人(教师)的指导与帮助，这是人类共同的经验。其二，青少年的学习，既要以直接经验为基础，又要通过学习知识(间接经验)去认识和改变世界。其三，青少年在认识客观世界的同时促进自己的身心发展。虽然有一些特殊性，但学习的基本过程同一般认识过程是一样的，都是从感性认识能动地上升到理性认识，再从理性认识能动地回到实践。人的主体性主要表现在认识的两次能动作用。同样，学习的主体性也是实现学习认识中两次能动的作用，即从客观(客体)到主观(主体)和从主观(主体)到客观(客体)。具体而言，学习的主体性，是主体在学习过程中表现出来的能动性、自主性和自觉性(自为性)。

(一)学习主体的能动性

我们知道，学习从感性认识到理性认识的能动性，是客体信息内化为主体思维的过程；从理性认识回到实践的能动性，是思维及其结果从主体外化为知识(新的客体)的过程。前者是内化技能，后者是外化技能。可见，学习主体的能动性，从心理层面来说，是技能的形成与发展，其核心是思维。我们说发展，是因为学习是发展的过程，学习主体在发展，其能动性也在发展。

1. 技能的发展

技能分为一般技能和特殊技能，一般技能包括内化技能和外化技能，特殊技能是指学科的专业技能，是与学科知识相协调的技能。技能的发展，是逐步提升的，由技能发展为能力，由能力发展为创造力。

创造力(创新能力)是能力的最高表现，在能力的发展中，当主体获得一种新颖的、独特的、有价值的物质或精神上的成果时，这种能力就是创造力。

学习主体也具有创造力。创造力是可以培养的。创造学的基本原理包括以下几个方面。第一，创造力人皆有之。除极少数因患有某些疾病或精神不正常外，每个正常人都具有创造的潜力。第二，创造力可以训练。人的创造潜力，可以通过教育、训练、学习而激发出来，并且可以得到不断地提高。国内外大量的事例都证明了这一点。①

所以，学习主体的能动性，表现为主体的技能、能力和创造力。

2. 思维是核心

技能是学习的方式方法，是人的感官活动和思维活动的综合。

能力是技能高水平的综合，是通过思维活动实现的。创造力(创新能力)是能力的最高表现。思维贯穿于从技能到能力再到创造力的发展过程中，所以思维是主体能动性的核心。

(二)学习主体的自主性

学习活动是一系列的认识活动，从获取知识来说，有观察、听、阅读、鉴赏等活动；从运用知识来说，有说、写、运算、绘图、操作、表演、唱和交往等活动。学生是学习活动的主体。学习主体的自主性，就是通常所说的自主学习，也就是学习的主动性、积极性的表现，即学生主动积极地参与学习活动，积极营造生动活泼的学习氛围，带着一股热情和自信投入探索、理解知识的活动中，体验着获得知识、运用知识的成功乐趣。

1. 学习动机

学习的主动性、积极性来自学生学习的内在动力(学习动机)。

明确的学习目的、高昂的学习情绪、浓厚的学习兴趣和强烈的学习愿望，是学习最主要的内部动力。

关于学习动机，爱因斯坦在《论教育》一文中说：

---

① 温寒江、连瑞庆：《构建中小学创新教育体系》，37~38 页，北京，北京科学技术出版社，2002。

在学校里和在生活中，工作的最重要动机是工作中的乐趣，是工作获得结果的乐趣，以及对这个结果的社会价值的认识。启发并且加强青年人的这些心理力量，我看这该是学校的最重要任务。①

教师应通过经常的学习目的教育，激发学生学习的主动性和积极性。要使学生认识到，他今天所学的知识，都是将来参加社会主义现代化建设有用的基础知识。教师要根据学习内容，讲明它的实际意义，使学生懂得为什么要学习这些新知识。教师要善于在日常教学中，由近及远、由浅入深地把热爱知识、热爱科学、刻苦学习和未来的现代化建设事业联系起来，同实现中华民族的伟大复兴联系起来。教师要把知识的教学和进行社会主义核心价值观的教育联系起来，把知和情结合起来，从而使学生产生对学习的理想、信念、热情和毅力。

学习兴趣是学习动机中最现实、最经常、最活跃的因素。兴趣是人的认识需要的情绪表现。有兴趣的学习，能使人全神贯注，积极思考，甚至达到废寝忘食的境地。为什么学生的兴趣、积极的情绪对学习活动这样重要呢？其生理基础在于脑的皮质和网状结构参与情绪过程，能造成神经能的巨大潜力，积极的情绪状态能提高人的工作能力，减少人的疲劳性。因此，在兴奋、热情的状态下掌握的东西，能理解得更好，知识记得更牢固。许多科学家、发明家取得伟大成就的原因之一，就是他们有强烈的求知欲和浓厚的学习兴趣。

2. 独立思考

学习活动的核心是思维，从思维的层面来说，学习主体的自主性又表现在积极独立的思考。怎样思考？毛泽东同志在《实践论》中讲到从感性认识上升到理性认识时，必须经过思考的作用，"将丰富的感觉材料加以去粗取精、去伪存真、由此及彼、由表及里的改造制作工夫，形成概念和理论的系统"。②

要学会思考，就要发展思维，需要做到以下两点。一是思维发展的全面性，即抽象思维、形象思维都要得到发展。只有思维具有全面性，思维活动才能涵盖科学技术、文学艺术、体育运动等各个领域。二是思维的可操作性。思维的可操作性要求人们在思考时，要根据两种思维的思维方法，有步骤地进行思维的加工制作。不

---

① ［美］阿尔伯特·爱因斯坦：《纪念爱因斯坦译文集》，赵中立、许良英译，69 页，上海，上海科学技术出版社，1979。

② 《毛泽东著作选读（甲种本）》，48~49 页，北京，人民出版社，1966。

然，积极思维只是一种空话。

思维是人的大脑的认识功能，是大脑的神经活动。很显然，人的思维活动是不能代替的，也是无法代替的。思维的独立性是学习主体自主性的本质属性。

关于思维的独立性，爱因斯坦在《论教育》一文中说：

发展独立思考和独立判断的一般能力，应当始终放在首位，而不应当把获得专业知识放在首位。如果一个人掌握了他的学科的基础理论，并且学会了独立地思考和工作，他必定会找到他自己的道路。①

在信息技术迅速发展的今天，信息技术代替了人脑的一部分功能，是不是思维的发展、思维的训练就不重要了呢？诚然，信息技术的发展，人工智能的开发，大大促进了科学技术的发展。但是，信息技术、人工智能是人的创造物，是大脑开发的产物。人的智力开发、大脑的开发、思维的发展，仍然是现代科学技术的基础工程，并且随着社会的发展将变得更加重要。

(三)学习主体的自觉性(自为性)

自觉就是自己要学会学习。学习过程一般表现为由学会到会学。学会是对学习客体(知识)的理解和掌握，而会学是对学习主体的自身认识和把握，也就是对认知的认知，即元认知。

怎样使学生学会学习呢，这是人们所关注的问题。我们认为：一是技能、能力的形成；二是学习要有"四个性"，即目的性、选择性、计划性和监控性。

1. 技能和能力的形成

技能和能力的训练是需要人的意志努力的，而当技能和能力形成以后，是内隐的，成为"自动化"了的。而且，基本的技能和能力形成以后，又能举一反三，产生广泛的迁移。例如，当人们学会了听、说、读、写、加、减、乘、除等基本技能以后，就能不断地运用去获取新知识和解决新问题。这就是由学会转化为会学。

---

① ［美］阿尔伯特·爱因斯坦：《纪念爱因斯坦译文集》，赵中立、许良英译，70页，上海，上海科学技术出版社，1979。

2. 目的性

人的活动目的是人的一种需要的反映，学生学习的目的，是为了满足主体的认识需要。学生了解到他们学习的目的和意义，懂得今天的学习是为了以后学习和工作的需要，懂得了今天的学习是为了使自己将来成为中国特色社会主义建设者和接班人，就能不断激发努力学习的积极性和热情。学习主体的目标、志向、理想越高远，学习的热情就越高，其毅力也更强。

3. 选择性

知识是无限的，人的一生是有限的，人不可能什么都学，学习必须要有选择。有人把学习的自主选择理解为想学什么就学什么，那是一种误解。学习的选择要有一定的目的，人的全面发展是学习选择的根本依据。

青少年的学习有其特殊性，教材是必学的，但是学习的选择还有很大的空间。选修课、课外阅读、课外小组、课外活动，是学生自愿选择的。学习方法、学习速度是自主选择的，是个性化的。随着教材、教法改革的深入，自主选择的空间将会越来越大。

4. 计划性

人通过计划来指导他的思维和行动，确定活动的顺序和步骤，计划也是人对活动的一种预期。学生的学习是一项系统工程，计划性有着十分重要的意义。其中既有国家的、学校的和教师的计划，也要有学习主体(学生)的个人计划。

学习主体要根据学习的目标来安排自己的学习，其中有日安排、周安排、月计划等，这是学会学习的重要一环。许多学生养成课前预习、课后复习的习惯，认真地按计划进行学习，取得了优异的成绩。

5. 监控性

监控是指学习主体对学习过程的反馈、控制，对学习成果的核对、总结、评价和补救。学习时，学习主体要了解自己是否注意力集中、积极思考，了解是否理解学习内容、解决问题的思路是否明确、步骤是否具体，从而有效地控制学习的过程。学习结束时，通过答问、练习和测验，检查学习结果是否正确，做出自我评价，并进行改正和补救。

第二节　学习的潜能

一、人类的劳动创造了一个能思维的大脑

人能认识世界和改变世界，人在认识过程中的能动作用，都源于人有一个能思维的大脑，大脑是人在漫长的劳动过程中，逐渐地发展起来的。

活动与思维、动手与动脑有什么关系？马克思说："劳动过程结束时得到的结果，在这个过程开始时就已经在劳动者的表象中存在着，即已经观念地存在着。"①猿人的生产劳动是有一定目的的。这个目的在他的头脑中也许只是一个意向或一种表象。猿人通过动手活动，一步步地接近目标。每一个操作在头脑中产生一个表象，它与目标进行比较后获得反馈信息，再进行下一个操作，直到达到目标为止。

在活动过程中，活动是思维的来源。思维形成以后，思维又可通过指令来启动、控制行为。可见手与脑是相互促进的。动作的精细，促进思维向细致发展；思维的细致发展又促进手的精巧。由于形象思维是没有语言的，在动手过程中思维是隐性的，往往不为人们所知，而误认为没有思维。其实手和脑的活动是一对显性与隐性配合非常默契的活动。

猿人的劳动是群体性的，共同劳动中需要彼此的沟通与交流。在语言还没有产生以前，他们用什么来交流？我们认为他们可能用肢体（手势）夹杂着叫喊声来交流。那么，语言（口语）是怎样发生的？人怎样才能发出清晰的声音，如图 9-1 所示。②

---

① 《马克思恩格斯选集》第二卷，中共中央马克思恩格斯列宁斯大林著作编译局编译，170 页，北京，人民出版社，2012。

② [肯尼亚]理查德·利基：《人类的起源》，吴汝康、吴新智、林圣龙译，101 页，上海，上海科学技术出版社，1995。

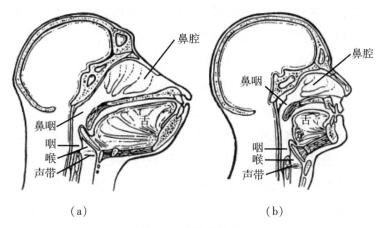

图 9-1　声道的进化

如图 9-1 所示，像所有哺乳动物一样，在(a)图中，黑猩猩的声道中，喉位于喉咙的高处，这是一种容许呼吸和吞咽同时进行的结构，但是限制了咽部空间能够发出声音的范围。在(b)图中，人类的喉在喉咙中的位置低，这是独一无二的。结果人类不能同时呼吸和吞咽而不被噎住，但是他们能发出范围很大的声音。在所有早于直立人的人的物种中，喉的位置是像黑猩猩的。

人类能够发出范围广泛的声音，是因为喉在喉咙里的位置较低，因而创造了一个大的音室，咽部在声带之上。因为发声器官是由软组织，即软骨、肌肉等构成的，它们不能变成化石而保存下来，人的发声器官是怎样进化的呢？笔者认为，随着生产劳动的发展和交流的需要，智人的发声器官在一百多万年的演化中，不断地发育和改进，使它的位置由高处不断向低处进化，从而产生了语言。语言的产生，极大地促进了人的思维发展。

由此可见，生产劳动和相互交流，促进了思维的发展。人类的劳动创造了一个能思维的大脑。

二、大脑的潜能是巨大的

人类劳动创造了能思维的大脑。大脑的思维有两大属性。一是外界的信息在头脑中得到表征，这种表征有语言、符号和表象；二是表征是可以操作的。人脑是怎样认识客观事物的呢？"认知功能并非是单一的、笼统的，我们应当认识到任何既定的认知功能都是由许多协同活动的网络共同来完成的"。① 这就是说，没有单一的神经元表示一个香蕉、一个朋友的脸、一个活动，而是通过一组特定的神经元的组合来表征，被称为"群编码"。当你看见一个香蕉时，它的黄颜色激活大脑中视觉感受器中对黄色敏感的一些神经元。它的香味激活了味觉感受器的一些神经元，它的弯曲的形状又激活视觉感受器中对形状分析敏感的一些神经元；这些被激活的神经元，同步地通过突触联结在一起，形成了特定的神经元的组合，这就是你看到的香蕉在大脑中的表征，也就是这个香蕉在头脑中的"密码"。这就好像用某种条码来代表一种商品一样。

人的大脑约有 1000 亿个神经元，一个神经元和其他神经元之间的接触点，叫作突触，一个神经元同周围神经元的这种突触点约有 1000 个。因此，神经元之间这种由突触联系起来的神经网络，至少约有 1000×10^{11} 亿个，即约 100 万亿个。这个巨大的数目表明，大脑中对外界事物的表征能力、对信息的加工能力是很强的，这也说明人的思维能力、学习潜能是巨大的。

三、学习潜能亟待开发

从 20 世纪 60 年代开始的斯佩里等人的裂脑人实验，揭开了大脑右半球的秘密，深化了人们对思维的认识，思维的内涵从此从单一的抽象思维走向思维全面性的发展。

与此同时，从 20 世纪 40 年代计算机的发明，到 90 年代以计算机为主体的多媒体和网络技术的应用，表明人类已找到了表述和传递两种思维的好载体。

上述两大事件加在一起，即人的思维的全面发展和教育的信息化，必将带来一场深刻的学习变革，促进人的学习潜能的开发。

---

① ［美］M. S. Gazzaniga：《认知神经科学》，王甦、朱滢、沈政等译、校、审，644 页，上海，上海教育出版社，1998。

第三节 学生与教师的关系

一、教育史上关于师生关系激烈的争论

在教学过程中，教师和学生是教学活动中两个最活跃、最基本的因素。教师和学生在教学过程中各处于什么位置，他们是什么关系，这是近代和现代教育史上争论激烈的一个问题。这场争论影响到当代的教育思想。因此，扼要地回顾一下这场争论是有重要意义的。总的来说，在教学过程中，关于教师与学生的地位及相互关系，存在两种对立的教育观点，一种是"教师中心论"，另一种是"儿童中心论"。

(一)"教师中心论"

"教师中心论"以夸美纽斯(J. A. Comenius)、赫尔巴特(J. F. Herbart)等人为代表，他们重视教师的作用，重视知识的学习，在教育史上有重要的影响。但是他们把学生当作接受知识的容器，夸美纽斯说，"把一切知识领域中精粹的总和灌输进他们的头脑"，① "教师的嘴就是一个源泉……每逢这个源泉开放的时候，他们便把他们的注意力当作一个水槽一样，放在它的下面，一点不要让流出的东西流掉"。② 赫尔巴特主张用强制手段来提高管理的作用，他说："命令必须是儿童绝对服从的，就像军队服从命令一样。"③

苏联教育家凯洛夫强调教师的绝对权威，认为"教师的每一句话和每一项指示，每一个学生都要认真地听取和执行。教师提出来的要求，对学生的学习生活来

---

① 张焕庭:《西方资产阶级教育论著选》，43 页，北京，人民教育出版社，1979。
② 张焕庭:《西方资产阶级教育论著选》，29 页，北京，人民教育出版社，1979。
③ 王天一、夏之莲、朱美玉:《外国教育史：上册》，126 页，北京，北京师范大学出版社，1985。

说，具有法律的性质"。① 他们把集体教育变成工厂的标准化，认为一个教师一次应该教一大群学生，就像"一个面包师搓一次生面，热一次火灶，就可以做出许多面包，一个砖匠一次可以烧许多砖"。② 总之，教师中心论者，无视学习的主体性，忽视学生的能动作用和个别差异。

(二)"儿童中心论"

"儿童中心论"以卢梭(J. J. Rousseau)、杜威(J. Dewey)为代表。卢梭主张顺应儿童的本性，让他们身心自由发展，提出"返归自然"的口号。杜威在 20 世纪初提出一系列教育改革的主张，他认为"教育即生长"。教育的本质是促进儿童本能、欲望生长的过程。

他反对传统教育把儿童置于被动的地位，压制儿童个性发展，主张"教育即生活"，认为儿童的本能生长是在生活中发展和展开的，主张教育就是让儿童通过亲身活动去获得直接经验，获取知识。总之，杜威以"儿童·经验·活动"新三中心，代替了传统的"教师、书本、课堂"的三中心。③

杜威虽然提出不少合理的主张，但是，由于他忽视儿童学习的特殊性和教师的作用，轻视间接经验(知识)的系统学习，他的教育改革最终以失败告终。

二、教师与学生的地位与相互关系

"教师中心论"和"儿童中心论"对教学过程中教师与学生的地位及其相互关系的观点，是彼此对立的，都是从各自的哲学思想、心理学观点提出来的。教育是一种很复杂的现象，人们对它的认识有一个历史的过程。

前面谈到，学生学习的过程，是一种特殊的认识过程。虽然有一些特殊性，但学习的基本过程和一般的认识过程是一样的。教学的主要任务：掌握知识、技能，

---

① [苏联]伊·安·凯洛夫：《教育学》，沈颖、南致善译，150~151 页，北京，人民教育出版社，1957。
② [捷克]夸美纽斯：《大教学论》，傅任敢译，139 页，北京，人民教育出版社，1984。
③ 王天一、夏之莲、朱美玉：《外国教育史》上册，147~148 页，北京，北京师范大学出版社，1985。

发展能力、感情、意志、性格和体力，培养理想、品德、世界观，都是通过学生的认识(实践)活动去实现的，一刻也离不开学生的认识活动。这就说明，教学过程的实质是学生学习的认识过程。教学论中关于教学模式的一般表述，实际上就是学生学习的认识过程。在王策三的《教学论稿》中，列举了几种重要的教学模式①：

◆ 传授知识型的教学模式

◆ 诱导学习动机→领会新教材(感知、理解)→巩固知识→运用知识→检查

◆ 杜威"设计教学法"的教学模式

◆ 设置问题的情境→确定问题或课题→拟订解决课题方案→执行计划→总结与评价

◆ 布鲁纳发现学习的教学模式

◆ 明确结构、掌握课题、提供资料→建立假说、推测答案→验证(一次或多次)→做出结论

教学过程的实质既然是学生学习的过程，那么教师在这个过程中的作用是什么？这就需要进一步分析学生在学习过程中主体、客体的关系。学生是学习的主人，是学习的主体，这是没有疑问的；客体是在主客体关系中相对主体而言的，学习的客体应包括教师、教材、教学手段、教学环境等。怎样理解学习客体的作用，根据马克思实践唯物主义的思想，"在实践的基础上，一方面主体作用于客体对客体具有能动性，另一方面客体也作用于主体对主体具有制约性"②。说明客体也作用于主体。因此我们要弄清在学习活动中客体对主体有哪些作用。"主客体对象关系的确立，是主体从'为我'的角度进行选择的。人的客体不是自发地进入主体活动的领域的，它不仅取决于客体，而且取决于主体，取决于主体的能力和需要。与人的活动没有关系(有益或有害)的事物，不可能成为人的活动的对象。"③

可见，在学习活动中，教师、教材、教育手段、教学环境等之所以成为学生学习的客体，是由学生的能力和需要决定的，都是为学生的学习活动服务的。将它们分别做出如下说明。

第一，教师对整个学习活动起着指导、组织和帮助的作用。在学生的成长中，

① 王策三：《教学论稿》，136~139 页，北京，人民教育出版社，1985。

② 袁贵仁：《马克思的人学思想》，101 页，北京，北京师范大学出版社，1996。

③ 袁贵仁：《马克思的人学思想》，110 页，北京，北京师范大学出版社，1996。

其学习的兴趣，获取知识、运用知识的方式方法，学习的能力，思想品德、价值观和世界观的发展，不是自发的、先验的东西，而是来自外部环境和教育的影响。教师就是体现国家、社会对青少年成长的要求，实施教育影响的组织者和指导者。通过教师的指导和帮助，促进他们健康地成长。教师这种对学生的作用，是变化的。随着青少年的成长，随着他们不断地从学会到会学的转化，教师的作用也随之逐渐减少，这就是叶圣陶所说的"教为了不教"。

第二，教材是根据国家课程标准而编写的学生学习内容的载体。学生所学内容是根据青少年身心发展的需要，从人类认识和实践长期积累的巨大精神财富中，精心选择出来的。教材编写的质量，直接影响学习的效果。所以教材对学生学习的内容、方法，起着重要的引导和规范性作用。

从学生需要来说，目前教材有必修教材、选修教材和自学教材。以必修教材为主，后两种的比重很小，学生的选择空间不大。从媒体来说，有纸质的（书本），也有电子媒体，而以书本为主。随着教育信息化的发展，由于计算机具有巨大的储存功能和人机对话功能，教材中选修和自学的比重将逐步增加，学生自主选择学习内容的空间也随之增大，纸质媒体也将逐渐为现代媒体所替代。那时教材的作用也随之增大。

第三，教具、学具以及学校中信息技术设备、学校的环境、校园文化等教学手段都是为学习主体服务的。

在学习过程中，教师、教材、教学手段与环境是作为客体进入主体的学习活动的。由于教材、教学手段与环境，一般是由教师来支配的，因此总的来说，客体的作用被称为"教师的主导"作用。"以教师为主导、学生为主体"，是学习活动中对于主体、客体关系而言的。学生是学习的主体，教师为主导，是教师、教材等客体对主体的作用。

目前，教学理论有一种观点是从教与学的关系中，来研究教师与学生的地位和作用的，认为教学是双边活动，教学活动是双主体，教师是教育者，在教学中起主导作用，学生是教学的对象也是学习的主体。这种理论混淆两种认识过程。我们认为教与学是两种认识活动，有其各自的主客体关系。教师教的认识活动，是从备课开始的，教师通过钻研教材、了解学生，写出教学教案（计划），教案是教师从感性认识到理论认识的成果；上课是将教学计划付诸实施，从理性认识到教学实践。

教师是教的活动的主体，教师就是在一次次的备课、上课的认识活动中，提升自己教的能力，发挥其主体性的作用。而学生的学习认识活动，一般在课堂上进行，从对知识的感知开始，通过观察、阅读、听课等活动，内化为思维，理解了所学知识，认识从感性认识上升为理性认识，然后把所学知识，通过说、写、绘画、表演、唱等活动表达出来或解决问题，从理性认识又回到实践。学生是学习活动的主体，学习过程两次认识的飞跃就是学习主体的能动性，是学习主体性的主要表现。而教师的主导作用，是作为学习客体对主体的作用，促进学习主体性的形成，是为学习服务的。

第四节　以人为本，不让一个孩子掉队

一、以人为本

以人为本，是历史唯物主义的一个基本原则。"以人为本，作为一种社会思潮和价值观念，古已有之。我国古代思想家早就提出'民惟邦本，本固邦宁'、'天地之间，莫贵于人'的思想。"历史唯物主义认为，历史的主体是现实的人，人民群众是历史的创造者和推动社会前进的决定力量。以人为本，就是把人民的根本利益作为一切工作的出发点和落脚点。

学校的工作是教书育人，促进人的全面发展。青少年是未来社会的建设者和接班人。以人为本，必须在经济发展的基础上，推动社会的全面进步和人的全面发展。经济社会全面进步是实现人的全面发展的基础，而经济社会的全面发展，又必须通过人的全面发展来实现。学校工作就要坚持以人为本，就要以实现人的全面发展为目标。所以，促进青少年德、智、体、美、劳的全面发展，学生素质的全面提升，是学校一切工作(教育、教学、后勤工作)的出发点和落脚点。具体而言，要着力抓好以下两方面的工作。

第一，坚持以人为本，必须明确学生是学习的主人，是发展的主体，充分肯定

学生在学习过程中的主体地位。要尊重学生和学生的人格，要信任学生，相信每一个学生都是可以教育好的。尽管教师和学生的认知水平、思想水平、生活经验不同，他们在教学过程中的作用不同，但是，他们在人格上是平等的。学生的情感世界，他们的自信心、自尊心同教师是没有两样的。师生之间是平等的、民主的、真诚和谐的。师生要相互尊重，排除不友好和相互猜疑，要废除教育中的权威主义、命令主义和形形色色压制学生、侮辱学生的现象。

第二，坚持以人为本，就要塑造人，充分发挥人的积极性、创造性，根据学生的需要和能力，发挥学习主体的作用。中小学学生是未成年人，他们学习主体性的发挥和塑造，需要成年人(教师)的指导和帮助。

学校、教师要遵照人的全面发展的规律来塑造每一个学生，促使他们从学会提升到会学，从掌握技能转化成为能力、创新能力。学校和教师要为学生的学习营造一种生动活泼、民主和谐的学习氛围和学习环境，激励他们带着一种热情和信心积极主动地投入到知识的获取与运用中去。

塑造人，就要从学生的能力和需要出发。在学习进程中，人的能力以及与能力有关的知识、技能是发展变化的，而且不同学生的能力存在差异；在不同学科中，学生学习的兴趣和能力也存在差异。

教师必须深入实际，了解学生，才能根据学生的能力和需要，促进学生的全面发展。

二、关爱每一个学生

教师对学生学习的作用和影响是多方面的，概括地说，主要有以下三个方面。

一是教师的专业知识及运用这些知识来指导、帮助学生学习的能力，即教育、教学能力。

二是教师的品德、行为、人格对学生的影响，即教师的榜样作用。

三是教师对学生的关爱，即师爱。师爱就是教师对学生的关心和爱护，它体现在教育、教学的各种活动中，对学生的期盼、赞许、鼓励，以及对遇到困难的学生的帮助。它像一股涓涓的暖流，流入学生的心田，激励他们，鼓舞他们，点燃他们心中上进的热情，使他们认识到自己的力量，增强他们克服困难的信心。

对于师爱，一位小学语文教师有着深刻的理解：

对于后进生，老师从来没给他们单加班补课，留额外的作业，而是千方百计地鼓励他们的上进心，调动他们的积极性。在什么情况下，都不责怪他们。班上有一个学生，在升入五年级时成绩非常差。在第一次百词练习中她得到了30多分，这同她过去的分数相比有了很大进步，老师和其他学生一起为她鼓掌。她从来没有受到这样的鼓励，对语文学习开始用心了，上进了。每次集中练习前，她都认真复习，成绩不断上升。第二次得40多分，第三次得57分，第六次达到79分。第一学期语文阶段测试得到81分。①

1968年，美国心理学家罗森塔尔（R. Rosenthal）和雅各布森（L. F. Jacobson）从小学1~6年级中各随机抽取3个班为实验组，进行预测未来发展的实验（智力测验）。

测验结果显示：实验者从每班随机抽取20%的学生，将这些学生的名字通报给任课教师，并指出他们将有显著进步。8个月后，再进行测验。结果表明，被指为可能发展的实验组学生，与控制组学生相比，确实像教师期待的那样，智商有所提高，1年级和2年级学生更为明显。

在品格方面也有类似的结果。教师寄予期望的学生较之教师不期望的学生，具有"更有顺应能力""求知欲望更强""情谊更深"等倾向。这个结果意味着，教师在同寄予期望的学生相处时，可能态度与别人不同，致使自己的期待微妙地传给学生。

随后的研究获得的结果却并不一致，有些实验者并未取得同样的效应。但是，不管研究结果多么不一致，学生往往对教师的期望做出反应是有心理学根据的。教师的期望对学生起隐蔽的强化作用。②

三、教育无差生

当前中小学相当普遍地存在学习困难生，这种现象是由现有教育理论的缺失、

① 参见温寒江：《学习与思维——学习中思维的全面协调可持续发展》，北京，教育科学出版社，2010。

② 中国大百科全书总编辑委员会：《中国大百科全书·心理学》，208页，北京，中国大百科全书出版社，2002。

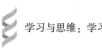

教材不完善和教师经验不足造成的，我们认为，通过深入教育改革，这个问题是可以解决的。

（一）坚持以人为本，更新观念，相信每个学生都是可以教育好的

"人们在学习活动中及从事工作中所表现出来的个性差异，同时也表明'没有一个人在任何事情上都是无能的，每个人都有最适宜于从事某种活动的能力'，同时进行一种学习或从事相同的工作，有的人能力高些，就是说他的学习质量、工作效率高；有的则能力差些，他的学习质量、工作效率低。就同一个人来说，他在这个学科或领域能力强，在另一些学科、领域则能力差。因此，我们谈论一个人的能力时，只是说能力有高低之分，不是说能力之有无。"[1]但是，在目前的教学中，许多教师往往喜欢学习好的学生，不喜欢学习差的学生。

美国心理学家布洛菲（J. E. Brophy）和古德（T. L. Good）发现：

在学生回答教师的问题以后，教师对学习好的学生加以称赞的比率，要高于学习差的学生。但是，当学生回答错误时，待优生受到教师责骂的机会却又显著地大于学习好的学生。有趣的是，当学生不回答或说不知道时，教师往往对好学生重述问题，提供暗示，或再问其他的问题，而对待优生则往往很快就放弃，或直接告诉他答案。教师与优等生接触的时间约为待优生的两倍，研究者认为，类似这种教育机会实际不平等的现象是普遍存在的。[2]

这种教育不公平现象，不是教育资源配置问题，而是教育观念问题，是教师的学生观问题。学校要坚持以人为本，解放思想，更新观念，正确对待待优生，相信每个学生都是可以教育好的。一些优秀教师已经做到了，他们说："一般教师通常以学习好的学生而感到自豪，我们则以待优生得以变为优等生而引以为骄傲。"[3]

（二）化解学习难点，教会每一个学生

第一章的研究表明，学习的难点都是可以化解的，我们能教会每个学生。而

---

① 温寒江、陈爱苾：《让青少年智力得到最佳发展——两种思维的智力基本理论》，231～232页，北京，北京科学技术出版社，2006。

② 参见李秉德：《教学论》，155页，北京，人民教育出版社，2000。

③ 柏高：《合作教育学（教师—实验家座谈纪要）》，载《比较教育研究》，1987（4）。

且，随着教育改革的深入，学校班级的规模变小了(如一个班有 30 人左右)，同时，由于教育的信息化，教师的一部分工作，将被现代教育媒体所代替，教师就有较多时间深入了解学生，因材施教，实施个性化教育，使化解难点的工作落实到每一个学生的身上，不让一个孩子掉队。

英语教育专家郝又明为我们提供了一个好经验：

我相信并坚信每个学生都是可以教育好的，即使是对成绩差、有口吃或表现不好的学生，我也从未动摇过。例如，1983 年，我教的初二实验班上转来了一名学生，他的英语入学成绩只有 8 分。因为基础太差，他听不懂我讲的课，情绪很低落。我了解到他性格内向，自尊心很强，学英语不愿张口。开始，我在课堂上不向他提问，同时，我跟他说只要肯努力，我会单独帮助他，这学期可以不参加口试，笔试暂不计成绩，以此减除他的心理负担。然后，我针对他的水平，为他单独讲授每篇课文，并录成录音，叫他回去跟着录音学。半个学期后，他有了转机，主动来找我要录音。学期结束时，他居然要求参加口试，成绩是"良"，笔试成绩 86 分。学年考试成绩是 96 分。到初中毕业参加中考时，成绩达到 113 分(满分 120 分)。这几年，我还遇见过四个患有口吃的学生。其中一个男学生口吃症状突出，他想放弃外语不学了。我一方面反复帮助他认识口吃不是病的道理，另一方面鼓励他在家里坚持朗读训练，口试可以不参加。通过一年多的勤学苦练，他终于克服了读外语时口吃的表现，上课时可以回答问题，口试成绩优秀，由放弃不学转变为特别喜欢学英语。1985 年升学考试，他的成绩是 118 分。此外，我还遇到过一些特殊学生。有一个女学生，她沾染了不少坏习气。在我接这个班时，她的外语成绩只有 30 分。过了一年多，我发现她逐渐地变了，不仅外语成绩提高了，而且打扮也比过去朴素多了。她的家长非常高兴地到学校感谢我对她的帮助。其实我不是班主任，除了上课外，我和她没有更多接触。她认为是从喜欢上外语课开始的，逐渐想到要考大学外语系，不想再虚度年华。这个转变是发自内心的、真诚的。去年升学考试，她的外语成绩是 109 分。①

由此可见，坚持以人为本，更新教育观念，深化教育改革，化解教学难点，关爱每一个学生，不让一个孩子掉队，我们的教育就能达到一个更高的境界。

---

① 参见郝又明：《改革初中英语教育大有作为》，载《人民教育》，1986(4)。有部分改动。